اردو ادب و ثقافت : نئے رنگ

(تعمیر نیوز ویب پورٹل کے منتخب مضامین)

ادب و ثقافت (نئے رنگ) سیریز: 3

مرتب:

مکرم نیاز

Urdu Adab o Saqafat : naye rang - Part-3
by: Mukarram Niyaz
Edition: September '2025
Publisher :
Taemeer Publications LLC (Michigan, USA / Hyderabad, India)

ISBN 978-93-6908-952-9

کتاب	:	**اردو ادب و ثقافت : نئے رنگ** (حصہ : ۳)
مرتب	:	**مکرم نیاز**
صنف	:	غیر افسانوی نثر
ناشر	:	تعمیر پبلی کیشنز (حیدرآباد، انڈیا)
سالِ اشاعت	:	۲۰۲۵ء
صفحات	:	۱۳۴
سرورق ڈیزائن	:	تعمیر ویب ڈیزائن

فہرست

پیش لفظ

ادب و ثقافت کا موضوعاتی سفر (نئے رنگ: ۳)

مکرم نیاز

مطالعہ کی تاریخ پر جب طائرانہ نظر ڈالی جائے تو معلوم ہو گا کہ اس کا سفر تین عظیم، تاریخی و ادب ساز ادوار سے عبارت ہے، جنہوں نے انسانی دل و دماغ کو مسحور کیا اور علم و حکمت کو فروغ دیا۔ سب سے پہلا دور وہ تھا، جب کاغذی صفحات، رسائل اور اخبارات علم و عرفان کے چراغ تھے، جو مدھم روشنی میں انسان کے رب کا راز افشا کرتے تھے۔ یہ زمانہ اپنی سادگی، اپنی اخلاقیات اور خلوص کی یادگار سمجھا گیا، مگر رفتہ رفتہ زمانہ تبدیل ہونے لگا۔

پھر وہ عہدِ طلوع ہوا، جب انٹرنیٹ کا جادو ہر زبان کے قاری پر سایہ فگن ہوا۔ اپنی برق رفتاری اور بے مثال وسعت کے ساتھ، علم و آگاہی کا یہ سمندر گویا ہر قاری کی انگلیوں کی زینت بن گیا۔ ایک کلک سے ایک نئی دنیا، ایک جھلک سے دوسری حقیقت، اور ایک لمحے کا کچھ حصہ، قارئین کو بے پناہ وسیع اور دلکش دنیاؤں کا مسافر بنا گیا۔ دراصل یہ ایسا انقلابِ عظیم تھا، جو علم و شعور سے لبریز اسبابِ زندگی بن گیا۔

تیسری اور سب سے زیادہ حیرت انگیز تبدیلی سوشل میڈیا کی شکل میں نمودار

ہوئی۔ ایک ایسی دنیا، جہاں فاصلے مٹ گئے، اور خیالات و احساسات کی سرائیں، عقل و شعور کے میدان آباد کرنے لگیں۔ ہر فرد، ادارہ، قوم، ایک دوسرے کے قریب، اور ایک دوسرے کے ہم نوا ہو گئے۔ یہ میدان عمل، تعلیم، اصلاح اور سماجی بیداری کے قافلے کا ایسار ہنما باور کیا گیا جو تاریکی کے خلاف علمِ نور بلند کرتا ہے۔

اسی فضا میں، ۲۰۱۲ء کے اواخر میں 'تعمیر نیوز' کے افق کو روشن کیا گیا، تاکہ اردو ادب و ثقافت کے اس بحرِ بے کنار کو ایک جہانِ تنقید و تصور میں تبدیل کیا جا سکے۔ تیرہ سال کے اس سفر نے یہ باور کرایا ہے کہ اردو زبان کا یگانہ لہجہ، اس کے بلند خیال اور اس کے پیغام، امتزاجِ علم و فن میں ہی زندہ رہ سکتے ہیں۔

اس کتاب میں 'تعمیر نیوز' سے اخذ کردہ ایسے مضامین کو شامل کرنے کی ممکنہ کوشش کی گئی ہے جو اردو ادب و ثقافت کے منفرد و متنوع موضوعات کا احاطہ کرتے ہوئے قاری کی مناسب علمی و سماجی رہنمائی کا فرض بھی انجام دے سکیں۔ یہ کتاب "**اردو ادب و ثقافت: نئے رنگ**" کے سلسلے کا تیسرا حصہ ہے۔

مکرم نیاز

۲۵/ ستمبر ۲۰۲۵ء

حیدرآباد (تلنگانہ، انڈیا)

۱

خودنوشت ممتاز شیریں :
ہمیں سو گئے داستاں کہتے کہتے

ممتاز شیریں

میری زندگی کے ۳۵ سال یوں گزرے کہ معلوم ہوتا تھا مجھ پر کچھ بیتی ہی نہیں۔ میری زندگی میں ایسے کوئی نشیب و فراز نہیں آئے۔ کوئی ٹھوس اور تلخ تجربے نہیں ہوئے، کبھی تنہا بڑھ کر دنیا سے ٹکر لینے کا موقعہ نہیں ملا۔ ماں باپ کے گھر، پھر شادی کے بعد، شوہر کے ساتھ میری زندگی بڑی محفوظ مضبوط سہاروں کے ذریعہ گزری۔

زندگی صرف حادثات، واقعات اور ٹھوس تجربات پر مشتمل نہیں ہوتی۔ کسی فرد کی حیاتیاتی اور ذہنی نشوونما، کردار اور رویہ میں غیر محسوس تبدیلی، سیاحت اور دوسری تہذیبوں کا اثر۔ مذہب و اخلاق کا تصور، زندگی (اور میری زندگی بھی) ان سب کا مرکب ہے۔

بس ایک پر سکون، ہموار، خوشگوار اور متوازن زندگی تھی کہ بیتی جا رہی تھی۔ اب پچھلے تین سال سے میری زندگی پر غم کا سایہ پڑا ہے کہ یکے بعد دیگرے عزیز ہستیاں مجھ سے چھن گئی ہیں اور میں خود موت کی وادی سے واپس آئی ہوں۔ وقت ایک ایسا مرھم

ہے کہ زخموں کو مندمل کر دیتا ہے اور روزمرہ کی عام زندگی میں اتنی قوت ہوتی ہے کہ بڑے بڑے حادثات کے بعد بھی انسان کو اپنے معمول پر واپس لے آتی ہے۔

سلسلہ روز و شب اصل حیات و ممات۔۔۔۔ روز و شب یونہی بیت جاتے ہیں لیکن زندگی کے اس بے رنگ معمول میں ایسے ڈرامائی لمحات اور کیفیات بھی آتے ہیں جب شعور احساس تیز اور بلند ہوتا ہے۔ یہ لمحات ماہ و سال پر بھاری ہوتے ہیں اور ایسے لمحے میری زندگی میں بھی آئے ہیں جب وقت ایک اندرونی حقیقت بن گیا ہے اور ساری زندگی کی شدت ان لمحوں میں سمٹ آئی ہے۔

عرصہ دراز کی بات ہے، جنوبی ہند کے ایک چھوٹے سے شہر ہندوپور میں ہیضہ کی وبا یوں پھیلی کی آن کی آن میں سینکڑوں موتیں واقع ہو گئیں۔ ہر گھر سے نوحے بلند ہونے لگے اور اس شہر کے سب سے بڑے گھر میں ایک گیارہ سالہ لڑکا بے سدھ بستر مرگ پر پڑا تھا۔ بچے کی حالت دیکھ کر ماں کو ضبط کا یارا نہ رہا، ماں روتی ہوئی صحن کی طرف دوڑی۔ آنسو بھری آنکھیں آسمان کی جانب اٹھائیں اور دامن پھیلا کر خدا کے حضور میں صدق دل سے یہ دعا مانگی۔

"پاک پروردگار، موت و حیات تیرے ہاتھ میں ہے، میری زندگی میرے بچے کو بخش دے، میں اپنے بچے کی جان کے عوض اپنی جان کی بھینٹ دیتی ہوں۔"

یہ دعا لبوں سے نکلی ہی تھی کہ ماں نڈھال ہو کر بستر سے لگ گئی، آہستہ آہستہ اس کی حالت غیر ہوتی گئی اور بچے کی طبیعت سنبھلتی گئی حتیٰ کہ چند دنوں میں وہ پوری طرح صحت یاب ہو گیا اور ماں موت کی نیند سو گئی۔

جنوبی ہند کے ایک غیر معروف شہر کے ایک معزز گھرانے کی ماں کی یہ قربانی آل سس ٹس کی اسطور نہیں بن سکی اور نہ شہنشاہ بابر کی قربانی کی طرح تاریخ کے صفحات میں

رقم ہوئی۔ لیکن ماں کے ایثار کی یہ کہانی اس علاقہ میں زبان زد عام تھی اور یہ سچی کہانی میں بچپن سے سنتی آئی ہوں کیوں کہ وہ ماں جس نے اپنے بچے پر سے جان نچھاور کی تھی میری نانی تھیں اور وہ بچہ جس کے لئے یہ قربانی دی گئی میرے نانا ابا تھے جن کے زیر سایہ میری پرورش ہوئی اور جو میری زندگی پر اثر انداز ہونے والوں میں سب سے پہلا اور سب سے بلند مقام رکھتے ہیں۔

مدتوں بعد اس شہر میں طاعون کی وبا آندھی کی طرح آئی، بے شمار جانیں ضائع ہوئیں گھر کے گھر خالی ہو گئے، ساری بستی ویران ہو گئی۔ لوگوں نے شہر چھوڑ کر بہت دور میدانوں میں خیمے لگا کر پڑاؤ ڈال دیئے۔ نفسا نفسی کا عالم تھا کسی کو کسی کی خبر نہ تھی سب اپنی اپنی جان بچا کر بھاگ رہے تھے۔ ایسے میں ایک گھر کی بہو کو یہ بیماری لگی تھی۔ بن ماں باپ کی بچی تھی ساس نندیں بھی چھوڑ کر کیمپ میں چلی گئیں۔ صرف ایک نند بیمار کے ساتھ رہ گئی کہ وہ اپنی بھاوج کو اس حال میں چھوڑ کر جانا نہیں چاہتی تھی، نند بھاوج کا رشتہ کشیدگی، رنجش اور آپس میں جلن کا رشتہ ہوتا ہے۔ نند بھاوج کی محبت کا یہ مثالی نمونہ تھا کہ ایک نند نے اپنی جان خطرے میں ڈال کر بھاوج کی اس تندہی سے تیمارداری کی کہ دن کو دن نہ سمجھا رات کو رات نہ سمجھی اور لب مرگ مریضہ کا سر زانو پر لیے بیٹھی رہی اور بھاوج نے اس کی گود میں دم توڑ دیا۔

یہ دوسری نیک اور نڈر بی بی جنھوں نے اپنی جان کی پرواہ کئے بغیر طاعون جیسی مہلک، متعدی بیماری میں مبتلا مریضہ کی تنہا دیکھ بھال کی تھی، میری نانی اماں تھیں۔

یہ اگلے وقتوں کی نیک بی بیاں تھیں۔ سوچتی ہوں کہ میں ان دو نیک، نڈر بی بیوں کی نہایت بزدل نواسی ہوں۔ میرا اپنا تجربہ اس سے بالکل برعکس تھا۔ آج سے ٹھیک تین سال پہلے جب میں خود موت سے ہمکنار تھی ایک اجنبی ملک میں، اپنے وطن اور عزیزوں

سے ہزاروں میل دور، ایک ماہر امریکن ڈاکٹر نے گھنٹوں موت سے مقابلہ کر کے مجھے بچالیا میری مسیحائی کی گئی۔ رات دن ایک کر کے نہایت جانفشانی اور تندہی سے میری تیمارداری کی گئی حتیٰ کہ میری زندگی کے لئے ایک اور زندگی کی پیش کش کی گئی اور ایک ننھی سی جان مجھ پر بھینٹ چڑھادی گئی۔

گو اس وقت دو زندگیوں (ماں اور بچے کی) میں سے ایک کے انتخاب کا سوال نہیں تھا اور نہ یہ میرے اختیار میں تھا، تاہم اگر یہ انتخاب میرے سامنے اور اختیار میرے ہاتھ میں ہوتا تو کیا میں اپنے بچے کے لیے اپنی جان کی قربانی دے سکتی تھی، نہیں۔ یقیناً مجھ میں اتنی ہمت نہیں تھی۔ جب لوگ پرسہ دینے کے لئے آتے تھے اور یہ کہا کرتے تھے کہ خدا کا لاکھ لاکھ شکر ہے آپ کی جان بچ گئی۔ آپ کی زندگی زیادہ قیمتی تھی "تو میں احساس ندامت میں" ڈوب ڈوب جاتی تھی۔

میرے لئے ایک زندگی کی پیش کش کی گئی اور میری پرنانی اور نانی اماں نے اوروں کے لئے اپنی زندگی کی پیش کش کی تھی!

ہندوپور میرا آبائی وطن ہے۔ یہ شہر صوبہ میسور کی سرحد پر واقع ہے ان دنوں مدراس پریذیڈنسی میں تھا اور اب آندھرا پردیش میں شامل ہے۔ میرے آباؤ اجداد باہر سے آئے تھے۔ جنوبی ہند میں بس گئے تھے۔ ہندوپور کے نواح میں ان کی زمینداریاں تھیں اور ہندوپور میں آم کے باغات تھے۔ ہمارے پرنانا ٹیپو خان شہر کے اکابرین میں سے تھے۔ ان کی موت کے بعد کچھ ایسے خاندانی جھگڑے آن پڑے کہ ہمارے نانا جان ٹیپو قاسم خان بددل ہو کر میسور چلے آئے کہ یہاں "اپنوں سے دور" ایک نئی دنیا بسائیں گے۔

میرے اباجان قاضی محمد عبدالغفور لڑکپن میں یتیم ہو گئے تھے۔ نانا ابا نے انہیں

اپنے سایۂ عاطفت میں لے لیا تھا۔ بنگلور بھیج کر بنگلور کے سینٹ جوزف کالج میں انہیں تعلیم دلوائی تھی اور اپنی بیٹی کا ان سے بیاہ کر دیا تھا۔ میری امی نور جہاں اکلوتی بیٹی تھیں اور نانا ابا اور نانی اماں انہیں دور نہیں رکھنا چاہتے تھے۔ لہٰذا امی کو لے کر ابا جان بھی نانا جان کے ساتھ ہی میسور چلے آئے اور یہاں ملازمت اور مستقل سکونت اختیار کر لی۔

یوں میسور میرا وطن بن گیا۔

دنیا کے مختلف ملکوں اور حسین شہروں کی سیر و سیاحت کرنے اور ان میں سے بعض میں قیام کرنے کے باوجود مجھے اب بھی میسور سے اتنا ہی پیار ہے۔ چھوٹا سا صاف ستھرا، خوبصورت شہر، معتدل اور خوشگوار آب و ہوا۔ حسین باغ، مہاراجہ میسور کا عالیشان محل اور صرف چند میل دور پر وہ بہت بہشت برروئے زمین، یعنی کرشنا راج ساگر، رنگین فواروں اور چکا چوند کرنے والی روشنیوں کے ساتھ برندابن گارڈنز جو دریائے کاویری کے بندھ سے متصل شالامار گارڈنز کی طرز پر بنائے گئے ہیں اور شالامار سے زیادہ حسین ہیں۔ سال بہ سال میسور کا دسہرہ، وردنتی اور راج محل کے دربار کی رونق۔۔۔ یہ تھا میسور اور کسی شہر آرزو، کسی بہشت گم گشتہ، کا تصور میرے ذہن میں وابستہ ہے تو وہ شہر میسور سے ہے۔

میسور کا ماحول نہایت خوشگوار تھا۔ ریاست میسور دیسی ریاستوں میں سب سے ترقی یافتہ، موڈل سٹیٹ سمجھی جاتی تھی۔ مہاراجہ میسور سری کرشنا راج وڈیر (موجودہ مہاراجہ میسور کا چچا) نہایت رعایا پرور اور عدل گستر فرمانروا تھے اور مسلمانوں کو بہت عزیز رکھتے تھے۔ دیوان میسور سر مرزا اسماعیل کے سیاسی تدبر کا شہرہ تھا۔ ہندو مسلمان یہاں آپس میں رفاقت سے رہتے تھے۔ چھوٹی سی اقلیت تھے لیکن مسلمانوں نے اپنی قومی انفرادیت کو برقرار رکھا تھا یہ سلطان ٹیپو کی سرزمین تھی اور مسلمان یہاں سرخرو اور سربلند تھے۔

مسلمانوں کے ذہن میں اپنے تاریخی ماضی کا تصور بسا ہوا تھا اور میسور ہمارے لئے سلطان ٹیپو کی سرزمین تھی۔ میسور سے صرف آٹھ دس میل کے فاصلہ پر ٹیپو سلطان کا دارالسلطنت سرینگپٹن واقع ہے۔ سرینگپٹن کوئی خرابہ نہیں۔ سویا ہوا شہر معلوم ہوتا ہے جہاں ٹیپو کی خوابیدہ روح کا احساس چھپا ہوا ہے۔ گھٹا چھاتی ہے تو اب بھی یوں لگتا ہے جیسے اس آخری رات کی طرح (۴ مئی ۱۷۹۹ء کی) سلطان شہید کی یاد میں بادل آنسو بہانے لگیں گے۔ گنجام گنبد جس کے نیچے حیدر علی اور سلطان شہید محو خواب ہیں۔ دریا دولت باغ جہاں سرو و صنوبر کے درمیان سلطان کا سادہ محل ہے جس کی دیواروں پر میسور کی جنگوں کے نقوش رقم ہیں اور دریائے کاویری کا رومان پرور سنگم، سرینگپٹن کے یہ سارے تلازمات میسور کے تصور کے ساتھ میرے شعور کا ایک حصہ ہیں۔

میں بہت چھوٹی سی تھی لیکن بچپن کی بعض یادیں بہت واضح ہوتی ہیں۔ مجھے اچھی طرح یاد ہے کہ ایک مرتبہ غالباً دسہرے کے موقع پر ایک شورش و ہنگامہ برپا ہوا تھا اور چیلنج دیا گیا تھا کہ مہاراجہ صاحب اب کے سر مرزا اسماعیل کو ساتھ لے کر نکلیں گے تو انہیں جوتوں کے ہار پہنائے جائیں گے۔ جلوس کی آمد آمد تھی۔ مسلمانوں اور غیر مسلموں کے دلوں میں متضاد جذبات موجزن تھے۔ سب کی نگاہیں بے تابی سے محلسرا کی جانب لگی تھیں۔ اتنے میں مہاراجہ کی سواری نکلی۔ وہ حسب معمول ایک نہایت سجے سجائے ہاتھی پر سونے کی عماری میں رونق افروز بڑی شان سے سر مرزا اسماعیل کو اپنے پہلو میں بٹھائے نکلے۔ مسلمانوں کے چہروں پر خوشی کی لہر دوڑ گئی۔ غیر مسلموں کے چہرے مرجھا گئے لیکن انہیں ہمت نہ ہوئی کہ اپنی دھمکی کو عملی جامہ پہنائیں۔ جوتیاں تھامے ہوئے ہاتھ نیچے ہو گئے جوتیاں نہ برسیں، پھول ہی پھول برسے، مسلمانوں کے ہاتھوں سے۔

ویسے جنوبی ہند میں اور خاص طور پر ریاست میں ہندو مسلمان آپس میں رفاقت سے رہتے تھے۔ ۱۹۴۷ء میں فسادات کے زمانے میں بھی ریاست میسور میں امن و امان تھا۔ ریاست بھر میں بہت کم وارداتیں ہوئی تھیں جو نہ ہونے کے برابر تھیں۔ یہ رفاقت کسی "مشترکہ کلچر" یا ایک دوسرے میں ضم ہونے کی بنا پر نہ تھی۔ مسلمان یہاں چھوٹی سی اقلیت میں تھے لیکن اپنی قومی انفرادیت سختی سے قائم کئے ہوئے تھے، مسلمان یہاں سرخرو اور سربلند تھے۔ یہ سرزمین سلطان ٹیپو کی سرزمین تھی۔

میسور میں ہمارا گھر۔۔۔ یعنی وہ ایک گھر جس سے اپنے گھر کا تصور وابستہ ہے۔ جہاں میرے بچپن اور نوجوانی کے دن گزرے۔ عید گاہ محلے میں ہے۔ عید گاہ سے بہت قریب اونچائی پر پرانی وضع کا یہ تنہا بنگلہ تھا۔ بڑے بڑے ستونوں اور قوسوں والا بہت بڑا ھال۔ برآمدے اور بہت سے کمرے جن کی ترتیب عجب بے ڈھنگی تھی اونچی دیواروں والا بڑا سا کامپاؤنڈ اور تینوں جانب کمپاؤنڈ کی دیواروں کے ساتھ ساتھ اونچے اونچے درخت پیچھے صحن میں مختلف پھلوں کے درخت اور سامنے چمپا چنبیلی کی بیلیں کمان بناتی تھیں۔ بھرا ہوا گھر ان افراد پر مشتمل تھا۔ نانا جان، اباجان، امی ہم چار بہنیں اور دو سب سے چھوٹے بھائی۔ بھائی بہنوں میں میں سب سے بڑی تھی۔

چونکہ "پہلوٹھی کی بچی" تھی مجھے ابا امی نے نہیں نانا، نانی نے لاڈ پیار ناز و نعم سے پالا۔ ابا نو عمر تھے اور لاپرواسے اور امی میری پیدائش کے وقت خود بھی بچی تھیں۔ پندرہ سال کی چھوٹی سی لڑکی۔ نانی اماں نے مجھے اپنے ہاتھوں میں لیا اور محبت سے پالا پوسا۔ نانی اماں سے ایک بوڑھی عورت کا تصور ابھرتا ہے۔ لیکن میری نانی جوان اور حسین تھیں۔ ان کے مزاج میں نفاست تھی اور کپڑے پہننے کا انہیں بڑا سلیقہ تھا۔ سفید یا ہلکے پٹیل رنگوں کے کپڑے پہنتی تھیں۔ کشیدہ کاری کئے ہوئے، جو ان پر بہت سجتے تھے۔ ان کی

تصویر میرے ذہن میں اب بھی تازہ ہے۔

نانی اماں خلیق، ملنسار اور مہمان نواز تھیں۔ ساتھ ہی جہاندیدہ اور تجربہ کار بھی۔ اس کے برعکس میری امی بہت ہی معصوم، ناتجربہ کار، گوشہ نشین خوشحال گھرانے کی اکلوتی اولاد۔ انہیں دنیا جہاں سے محفوظ رکھا گیا۔ نہ باہر کہیں آنا جانا، نہ لوگوں سے ملنا جلنا، ہنسنا بولنا۔ مکمل(RECLUSE) بن کر ساری زندگی انہوں نے یونہی گزار دی۔ اب کہ وہ بیوہ ہوگئی ہیں۔ نانا جان کی خدمت گزاری میں اپنی زندگی کے دن پورے کر رہی ہیں اور یہی گویا ان کی زندگی کا "مشن" ہے۔

میری امی کا تصور میرے لئے ہمیشہ بہن کا سا رہا۔ ان کا سلوک بھی ہم سے بہنوں کا سا تھا۔ ہم بلا جھجھک دل کی باتیں انہیں بتا دیا کرتے تھے حتی کہ شادی بیاہ کے معاملوں میں اپنے انتخاب کا ان پر اظہار کر دیا کرتے تھے۔ میں اپنی ماں کو آپا کہا کرتی تھی اور نانی اماں کو اماں کہ وہ سچ مچ میری ماں تھیں۔

میں چھ سات سال کی تھی کہ یہ محبوب ہستی جسے میں ماں سمجھتی تھی مجھ سے چھن گئی۔ نانی اماں کی موت میرے بچپن کی سب سے غمگین اور گہری یاد ہے۔ اس چھوٹی عمر میں میں پہلی دفعہ موت کی حقیقت سے دوچار ہوئی گو موت کے راز کو سمجھنے کا مجھ میں ادراک نہ تھا۔ میں پھٹی پھٹی آنکھوں سے ان کے بے جان جسم کو دیکھتی رہی، جنازے کے ساتھ گئی ان کے محبوب آم کے باغ میں انہیں دفن ہوتے دیکھا۔ رات رات بھر نانا جان کی آہ و فغاں سنی۔ ان کی تڑپ اور بے پناہ کرب و اضطراب دیکھا۔ نانا جان اور نانی اماں کا مثالی جوڑا تھا۔ وہ آپس میں ایک دوسرے سے بے حد محبت کرتے تھے۔ اس زمانے میں ان کی محبت کی شادی ہوئی تھی۔

جب ان کا انتقال ہوا نانی اماں کی عمر بیالیس تینتالیس سال کی ہو گی۔ نانا جان کی عمر

بھی اس وقت کچھ زیادہ نہ تھی لیکن انہوں نے لوگوں کے مجبور کرنے کے باوجود دوبارہ شادی نہیں کی اور ان کی چھوڑی ہوئی ایک نشانی اپنی اکلوتی بیٹی اور نواسیوں نواسوں کے لئے (یعنی ہمارے لیے) اپنی ساری زندگی وقف کر دی۔

اپنی موت سے بارہ دن پہلے نانی اماں میسور سے ہندوپور جانے کے لئے بے قرار ہو اٹھی تھیں گویا ایک ندائے غیب تھی کہ انہیں بے اختیار اپنی جانب کھینچ رہی تھی اور اپنے آبائی وطن کی مٹی انہیں نصیب ہوئی۔

وطن کی مٹی کی کشش کتنی زبردست ہوتی ہے۔ چاہے کوئی ساری عمر باہر گزار دے۔ آخر میں یہ مقناطیسی کشش اپنی جانب کھینچ ہی لیتی ہے اور اپنی مٹی وطن کی مٹی میں مل جاتی ہے۔ میری اپنی زندگی ایک مستقل سفر بن گئی ہے۔ ایک مقام سے دوسرے مقام کی طرف مغرب سے مشرق اور مشرق سے مغرب کی طرف۔ نہ جانے کہاں کس دیارِ غیر میں موت آلے گی اور کونسی مٹی نصیب ہوگی۔ بہر حال ساری زمینیں اللہ کی ہی ہیں اور کبھی یوں محسوس ہوتا ہے ساری دنیا ہی اپنا وطن ہے۔

میرا وطن کونسا ہے؟ ہندوپور جہاں میرے بزرگ رہتے آئے ہیں اور جہاں میں پیدا ہوئی یا میسور جہاں میں پلی بڑھی، تعلیم حاصل کی شادی کی بچپن اور نوجوانی کا زمانہ گزرا اور جہاں اب بھی میرے نانا جان، امی، بہنیں، بھائی سبھی رہتے ہیں یا پاکستان جس کی تقدیر سے میں نے اپنے آپ کو وابستہ کر لیا ہے اور جو میرا روحانی وطن ہے۔

ہمارے آبائی وطن ہندوپور کی مٹی نے ایک اور ہستی کو جو میرے قریب تھی یا قریب ہونی چاہئے تھی اپنی آغوش میں لے لیا۔ یہ میرے ابا جان تھے ابھی ایک سال کا عرصہ بھی نہیں ہوا کہ پچھلی عید الفطر کے دو ہفتہ بعد ۱۵ مارچ ۱۹۶۳ء کو میرے ابا جان رحلت فرما گئے۔

موت ہمیشہ بے درد نہیں ہوتی. یہ قید حیات و بند غم سے آزادی کا پیام لاتی ہے۔ آخری عمر میں ابا جان کی زندگی کچھ ایسی حسرتناک تھی کہ موت ان کے لئے رہائی کا باعث بنی۔ طویل بیماری نے دل، جگر، پھیپھڑے سب تباہ کر دیئے تھے۔ تفکرات اور پریشانیوں میں گھرے ہوئے وہ زندگی سے بیزار تھے۔ میں نے دل کڑا کر کے سوچا شاید موت ان کے لئے رحمت تھی۔

ابا جان کی موت کی صرف ایک اطلاع۔۔۔ ایک منحوس خبر مجھ تک پہنچی۔ میں اس وقت ڈھاکہ مشرقی پاکستان میں تھی۔ سینکڑوں میل دور، نہ ان کا آخری دیدار کر سکی۔ نہ ان کی کوئی خدمت مجھ سے ہو سکی۔ یہ سعادت میری سب سے چھوٹی بہن نجمہ نسرین کو نصیب ہوئی جو ان کی سب سے چہیتی بیٹی تھی اور جس کے گھر میں ابا جان نے اپنے آخری دن گزارے تھے میری چھوٹی بہن نجمہ نسرین نے مجھے یہ اطلاع دی تھی اور اپنے سادہ جملوں میں ابا جان کے آخری دنوں۔ آخری سفر، ان کی موت اور تجہیز و تکفین کی تصویر کھینچی تھی۔

میری بہن کے قلم میں اظہار کی قوت نہیں لیکن اس کے خط میں بے پناہ خلوص اور سچا درد و کرب تھا. ایک ایسا معصومانہ خلوص جو شاید اپنے اندر نہیں پاتی SOPHISTICATION نے مجھ پر تصنع کا ایک ہلکا سا ملمع چڑھا دیا ہے۔۔۔ میری بہن نے اپنے سادہ جملوں میں ابا کے آخری دنوں، آخری سفر ان کی موت اور تجہیز و تکفین کی ایسی تصویر کھینچی تھی کہ مجھے یوں محسوس ہو رہا تھا میں ڈاکٹر ژداگو کا آغاز اور انجام پڑھ رہی ہوں بلکہ اپنی آنکھوں سے دیکھ رہی ہوں اور اس حقیقی المیے کے مرکزی کردار میرے اپنے ابا ہیں۔

ابا جان کی چونسٹھ سالہ زندگی کا بیشتر حصہ میسور اور بنگلور میں گزرا تھا۔ لیکن مرنے

سے صرف دو دن پہلے وہ بضد ہو گئے تھے کہ ہندوپور جائیں گے۔ ہندوپور میں ان کا کوئی نہ تھا۔ ماں باپ، بہن بھائی سب انتقال کر چکے تھے اور میسور میں ان کی بیوی، بیٹے بیٹیاں (سوائے میرے) سبھی موجود تھے۔ لیکن ایک بے نام آواز تھی کہ انہیں بلا رہی تھی۔ وطن عزیز کی مٹی انہیں اپنی طرف کھینچ رہی تھی۔ ٹرین میں اپنے آخری سفر پر روانہ ہوتے ہوئے انہوں نے اپنے کمپارٹمنٹ کی کھڑکی کھول لی اور لیٹے لیٹے ہی باہر نظریں جمائے رہے۔ انہیں ہر لمحہ یہ اندیشہ ستاتا رہا کہ کہیں غفلت میں آنکھ نہ لگ جائے اور ایسے میں ہندوپور کا اسٹیشن نہ نکل جائے۔ رات بھر وہ جاگتے رہے اور ٹکٹکی باندھے کھڑکی سے باہر دیکھتے رہے۔ ہندوپور کا اسٹیشن آگیا تو ان کے بے جان لبوں پر ایک ہلکی مسکراہٹ نمودار ہوئی ان کی منزل آگئی تھی۔ آخری منزل!

اپنے نرم اور حساس ظاہر کے پس پردہ شاید میں بہت سخت دل ہوں۔ میں نے باپ کی موت کا وہ سوگ نہیں منایا جو ایک بیٹی کو منانا چاہئے۔ میں نے باپ کی موت کو اس طرح محسوس نہیں کیا جس طرح دو سال پہلے اپنے نوزائیدہ بچے کی موت کو محسوس کیا تھا۔ ہو سکتا ہے اس کی وجہ طویل جدائی ہو۔ پاکستان آنے کے بعد، پندرہ سال میں اپنے ماں باپ سے دور رہی ہوں اور اس دوران میں شاذ ہی چند ہفتے ابا جان کے ساتھ گزارے ہوں گے۔ اس پندرہ سال کے طویل عرصے میں ہم دو ہی مرتبہ ہندوستان گئے تھے اور وہ بھی قلیل مدت کے لیے۔ لیکن کیا یہ طویل زمانی و مکانی فاصلہ بھی باپ بیٹی کے اتنے قریب اور گہرے رشتہ کے نشان دھندلا سکتا ہے۔ ایک وجہ یہ بھی ہو سکتی ہے کہ میں اس حقیقت کو اچھی طرح سمجھ گئی تھی کہ موت ابا جان کے لئے ایک تکلیف دہ زندگی سے نجات کا باعث تھی۔ اس میں خدا کی مصلحت تھی اور ہمیں صبر و شکر سے کام لینا چاہئے۔

ابا جان میرے لئے ایک دوست تھے۔ وہ آزاد خیال اور وسیع المشرب واقع ہوئے

تھے اور ہم پر کسی قسم کی پابندی لگانے کے قائل نہ تھے۔ وہ مجھے پڑھنے لکھنے سے نہیں روکتے تھے۔ کتابیں کہیں سے مانگ تانگ کر چھپ چھپ کر پڑھنے کی مجھے ضرورت ہی محسوس نہیں ہوئی۔ اچھی ادبی کتابیں وہ خود لا دیا کرتے تھے۔ چنانچہ جب میں نو دس کی تھی وہ میرے لئے مرزا محمد سعید کی کتابیں، شرر اور راشد الخیری کے ناول اور منشی پریم چند کی ساری کتابیں لے آئے تھے۔ اس دور کے معیاری ادبی رسائل بھی منگواتے تھے۔ یوں مجھ میں بچپن ہی سے ادب سے لگاؤ پیدا ہو گیا۔

ابتدائی تعلیم بھی میں نے کسی کانونٹ یا سکول میں نہیں بلکہ گھر پر ابا جان ہی سے حاصل کی تھی۔ چنانچہ میری ابتدائی ذہنی اور ایک حد تک ادبی تربیت کے ذمہ دار ابا جان ہیں اور میری مذہبی اور اخلاقی تربیت نانا جان کے زیر سایہ ہوئی۔ یوں تو ابا جان، امی، نانی اماں اور نانا جان ان سب نے اپنے اپنے طور پر میری پرورش اور تربیت میں حصہ لیا ہے اور ان سب کی متضاد کرداری، خصوصیات میری شخصیت میں غیر محسوس طور پر گھلی ہوئی ہیں۔ سب سے غالب اثر میری زندگی پر اور خصوصیت سے ابتدائی نصف زندگی پر نانا جان کا رہا ہے۔

نانا جان کو ہم جان بلاتے تھے اور وہ حقیقتاً ہمارے گھر کی اور سب کی "جان" تھے۔ بہت ہی نیک، شریف النفس، ثقہ، وضع دار بزرگ تھے۔ میرے نانا ابا، ٹیپو قاسم خان، سوتی کپڑے کی گول ٹوپی، سفید کرتہ اور سفید دھوتی یا پاجامہ میں ملبوس، سفید براق داڑھی، نورانی چہرہ، جو رنگ کی صباحت سے زیادہ ایک باطنی نور کا آئینہ دار ہے۔ یوں لگتے ہیں جیسے تاجکستان، روسی ترکستان اور ازبکستان کی تصویروں میں سے باہر نکل آئے ہوں۔ کہتے ہیں کہ جوانی میں وہ بڑے جامہ زیب تھے۔ "ولایتی کپڑے" پہنتے تھے، پھر خلافت کی تحریک میں انہوں نے مستعدی سے حصہ لیا تھا اور اپنے سارے "ولایتی

کپڑے "نذر آتش کر دئے تھے۔ اس وقت سے وہ یہی سادہ لباس زیب تن کئے رکھتے ہیں۔ بڑے ثقہ وضع دار بزرگ ہیں۔ نانا جان جوانی ہی میں اہل حدیث فرقہ میں شامل ہو گئے تھے۔ لہٰذا پیورٹن قسم کے عقائد رکھتے تھے۔ ہم سب کی زندگی بھی سخت پیورٹن نوعیت کی تھی۔ فاتحہ، نیاز کوئی رسم و ریت روا نہیں رکھی جاتی تھی۔ ہم سب ترجمہ اور تفسیر کے ساتھ قرآن کی باقاعدہ تلاوت اور صوم و صلواۃ کے پابند تھے۔ فروعی مسئلوں کے پیچیدہ باریکیوں میں گئے بغیر ہم نے مذہب اسلام کی سادہ پاکیزگی کو اپنایا تھا۔

خواہ کوئی مذہبی پابندی ہو یا روز مرہ کے معمولات میں پابندی یا اخلاقی حدیں۔۔۔ ہمیں یہ بالکل احساس نہ ہوتا تھا کہ ہم پر کوئی دباؤ ڈالا جا رہا ہے۔ ہم بخوشی اس راستہ پر چل رہے تھے اور نانا ابا کی تعلیمات اور نصیحتوں کو سر آنکھوں پر رکھتے تھے۔ شرافت اور سادگی کی زندگی بسر کرنا کبھی جھوٹ نہ بولنا دوسروں کی دل آزادی نہ کرنا، کسی کی برائی اور غیبت نہ کرنا، امارت اور شہرت یا کسی بھی بات پر غرور نہ کرنا یہ سارے اصول جو اسلامی اصول تھے غیر محسوس طور پر ہماری زندگی کے معمول میں شامل ہو گئے تھے۔ اب مجھے احساس ہوتا ہے۔ سچ بولنا، حتی کہ اپنے آپ سے سچ بولنا کتنا مشکل مرحلہ ہے لیکن ان دنوں واقعی ہم جھوٹ نہیں بولا کرتے تھے۔ ٹیپو قاسم خان کی نواسی اور جھوٹ بولے نہ ناممکن سی بات تھی۔ ہم تینوں بہنیں کبھی خلوت میں بھی کوئی بیہودہ *** باتیں نہ کرتی تھیں، عجب سادہ اور پاکیزہ زندگی تھی، اس وقت نیکی اور بدی کا میرے پاس سفید و سیاہ کا تصور تھا۔ کوئی درمیانی رنگ نہیں تھا اور نیکی اور پرہیز گاری کی زندہ مثال میرے لئے نانا ابا تھے۔

میرے اس دور معصومیت میں جب میری زندگی سادہ اور پاکیزہ تھی، مجھے چند ایسے تجربات پیش آئے اور میں نے ایسے وژن خواب کی صورت میں دیکھے ہیں جن کی نوعیت

MYSTIC قسم کی ہے۔ میں ان دنوں اکثر سچے خواب دیکھا کرتی تھی۔ میری امی کی ایک پھوپھی تھیں، عائشہ خانم جنہیں ہم بھی عاشو پھوپھی بلایا کرتے تھے۔ وہ اکثر ہمیں ایسی باتیں بتایا کرتی تھیں کہ جب خدا کے کسی نیک بندے کو موت آتی ہے تو موت کا فرشتہ نہایت حسین شکل میں اپنے دائیں پنکھ پر جنت لئے آتا ہے اور جب وہ کوئی بد روح قبض کرنے آتا ہے تو اس کی شکل نہایت ڈراؤنی ہوتی ہے اور اس کے بائیں پنکھ پر دہکتی دوزخ ہوتی ہے۔ وہ ہمیں قیامت کے آثار اور روز حشر کے قصے بھی سنایا کرتیں۔ کچھ ان کی باتیں ذہن میں رہ گئی تھیں اور قرآن شریف کے وہ حصے پڑھ کر جن میں قیامت کا ذکر ہے، میں مسلسل کئی دن قیامت کے MIGHTMARISH خواب دیکھتی رہی کہ سورج سوا نیزے پر ہے، چاند اور سورج کا نور ماند پڑ گیا ہے، آسمان پگھلے ہوئے تابنے کا سا ہو گیا ہے۔ سورۃ القیامت، سورۃ المعارج، سورۃ تکویر اور انفطار وغیرہ کے سارے مناظر سامنے ہیں خوف کی کپکپی طاری ہے اور میں سجدہ ریز ہو گئی ہوں۔ عجب خدا ترسی کا عالم تھا۔ پھر اچانک یہ سب کچھ نظروں سے غائب ہو گیا اور ہر طرف نور ہی نور چھا گیا۔ مجھے احساس ہوا یہ نور الٰہی ہے جو خیرہ کن ہونے کے باوجود انتہائی طمانیت بخش ہے۔ پھر برسوں بعد آج سے تین سال پہلے جب حقیقت میں میں نے موت کو اپنے بہت قریب محسوس کیا تھا مجھے اس طمانیت بخش نور کی، اس نفس مطمئنہ کی جستجو تھی (اس کیفیت کو میں نے اپنے افسانہ "کفارہ" میں بیان کیا ہے۔)

انہیں دنوں میں نے ایک اور خواب میں آنحضرت صلعم کو دیکھا کالی کملی والے بزرگ میرے قریب آئے، انہوں نے مجھے بتایا وہ رسول اللہ صلعم ہیں۔ گیسوئے دراز، نورانی چہرے کا وہ جمال کہ دیکھنے کی تاب نہ تھی۔ دست مبارک میرے سر پر رکھا اور مجھے دعائیں دیں کہا کہ میں بہت اچھی لڑکی ہوں اور تاکید کی کہ آئندہ بھی اسی راہ پر قائم

رہنا۔ رسولؐ کا دیدار اس وقت ہوا تھا جب میری زندگی واقعی سادہ اور معصوم تھی۔ اب کسی شدید کشمکش کے موقع پر اس دست مقدس کے لمس کو یاد کرتی ہوں اور گھبرا کر سوچتی ہوں کہ کیا اب بھی مجھ میں وہ اچھائی ہے؟ اور کوئی خاطر خواہ تسکین بخش جواب نہیں پاتی۔

نہیں معلوم میرے تخیل کی شدت اور ارتکاز سے یہ ظہور ہوا تھا یا خداوند تعالیٰ کا کرم تھا کہ میں نے یہ وژن دیکھے اور روحانی (ELATION) محسوس کیا۔ عقیدہ راسخ تھا۔ شکوک و شبہات دل میں جگہ نہ پاتے تھے۔ میں سادگی سے ہر بات پر ایمان لے آتی تھی اب میں خود اپنے بچوں کے "استہفامیہ دماغ" دیکھتی ہوں اور ان کو اس کم سنی میں، ایمان و عقل، جبر و اختیار، تقدیر و تدبیر کے سے مسئلوں پر خاصے انٹلکچوئیل انداز میں بحث کرتے سنتی ہوں تو مجھے حیرت ہوتی ہے۔

یہ میری نوجوانی کا وہ دور تھا جب میری زندگی محفوظ (SHELTERED) تھی۔ میں نے زندگی کی پیچیدگیاں نہیں دیکھی تھیں دنیا کی ترغیبوں اور برائیوں کا سامنا نہیں کیا تھا۔ اب میرے لئے نیکی اور بدی کا سیاہ اور سفید کا تصور کئی رنگوں میں بٹ گیا ہے۔ اب باہر کی دنیا دیکھ کر اور مختلف ملکوں اور تہذیبوں کے درمیان رہ کر یہ محسوس کیا ہے کہ مختلف قوموں کی اخلاقی قدریں جدا ہیں۔ ان کی حد بندیاں الگ ہیں۔ ادب کے وسیع مطالعے نے یہ سمجھایا ہے کہ انسانی فطرت بہت پیچیدہ ہے۔ نیکی اور بدی کا مرکب اور جن لوگوں میں بعض برائیاں ہیں وہ دوسری حیثیت سے اچھے بھی ہو سکتے ہیں۔

گراہم گرین نے کہا ہے:

It is easy to sympathise with the unjustly condemned, the difficult thing is to sympathise with the justly condemned

شاید یہ سمجھ، یہ وسیع المشربی اور رواداری کا جذبہ مجھ میں پیدا ہو گیا ہے۔ میرے

شوہر شاہین کہتے ہیں کہ "نیکی اور بدی کے اس مرکب تصور کو اور اس 'رواداری' کے جذبہ کو تم ادب کی حد تک ہی محدود رکھو ورنہ زندگی کے لئے اور خصوصیت سے اپنی ذاتی زندگی کے لئے تمہارے نانا ابا کی دی ہوئی تربیت اور ان کی قائم کی ہوئی حدیں ہی ٹھیک ہیں۔" شاہین خود بھی بہت پڑھے لکھے ماڈرن اور آزاد ہونے کے باوجود ثقہ پیورٹن اصولوں کے پابند ہیں۔ نماز روزے کے خواہ وہ پابند نہ ہوں انہوں نے بھی ایک پاکیزہ زندگی بسر کی ہے۔

نانا ابا کی تعلیمات تو اسلام کی تعلیمات ہی تھیں پھر ان سے کسے روگردانی کی جا سکتی تھی؟ اپنے زمانے کے اعتبار سے وہ روشن خیال بزرگ تھے۔ شادی بیاہ کے معاملوں میں انہوں نے لڑکیوں کی اپنی مرضی کا خاص خیال رکھا۔ وہ لڑکیوں کی اعلیٰ تعلیم کے حامی تھے۔ ہم سب بہن بھائیوں کو انہوں نے گریجویٹ ہونے تک کالجوں میں تعلیم دلوائی بلکہ میرے چھوٹے بہن بھائیوں کو ابتدائی تعلیم کے لئے کونونٹ میں داخل کروایا۔ جب میری باری تھی تو انہوں نے کہہ دیا تھا:

"جس عمر میں کونونٹ کی لڑکیاں میٹرک یا سینیئر کیمرج کرتی ہیں، ہماری تاج بیٹا تو اس عمر میں بی اے کرلے گی۔"

اور ہوا بالکل یہی اور ان کی بات صحیح ثابت ہوئی۔ چنانچہ مجھے ابتدائی تعلیم کے لئے کسی کونونٹ یا سکول میں داخل نہیں کرایا گیا۔ گھر پر امی پھر ابا جان نے تعلیم دی اور ایک بڑی جماعت میں ایک نیم انگریزی اسکول میں داخل کرایا گیا وہاں سے ڈبل پروموشنز لے کر میں بہت جلد مہارانی ہائی اسکول آ گئی۔ پھر وہاں سے مہارانی کالج۔ مہارانی ہائی اسکول اور مہارانی کالج لڑکیوں کے لئے بہترین تعلیمی ادارے تسلیم کئے جاتے تھے۔ میسور یونیورسٹی کا معیار تعلیم بہت اونچا تھا اور اتنا سخت گیر کہ وہاں انٹرمیڈیٹ اور بی

اے میں برسوں میں کوئی ایک فسٹ کلاس نکل آتا تھا۔ وہاں کا سیکنڈ ڈویژن ہی فسٹ ڈویژن کے برابر سمجھا جاتا تھا اور پھر کسی نے ریاست بھر میں کوئی رینک (درجہ) بھی حاصل کرلیا تو سمجھو ذہانت کی سند مل گئی۔ بی۔اے کرنے کے بعد میسور یونیورسٹی سے ایم اے کرنے کا میرے لئے سوال ہی پیدا نہیں ہوتا تھا۔ یونیورسٹی میں مخلوط تعلیم تھی، جس کے نانا ابا سخت مخالف تھے۔

نانا ابا کی تعلیمات تو اسلام کی تعلیمات ہی تھیں پھر ان سے روگردانی کیسے کی جا سکتی تھی؟ ہم پر کسی دباؤ کا احساس نہ تھا اور نہ ہم میں بغاوت کا جذبہ پیدا ہوا تھا۔ ہو سکتا ہے کہ عنفوان بلوغیت کی اس قید و بند نے میرے سائیکے "PSYCHE" پر اثر ڈالا ہو اور میری شخصیت اس طرح نہ ابھر سکی ہو جس طرح کے ایک آزاد فضا میں اس کے ابھرنے کا امکان تھا۔ تاہم مجھے اس وقت یہ مطلق احساس نہ ہوا تھا کہ یہ قید و بند میرے لئے مضر ہے اور نہ کسی قسم کی گھٹن اور فرسٹریشن کا احساس تھا (آزاد زندگی میں اور طرح کے فرسٹریشن اور جذباتی پچیدگیاں پیدا ہو سکتی ہیں) شاید اس کی وجہ یہ ہو کہ ہمارے گھر کا ماحول خوشگوار تھا۔ میرا ہائی اسکول اور کالج کا کیریئر بہت اچھا رہا۔ عزیز سہیلیوں کے درمیان کالج کی زندگی (STIMULATING) اور فرحت انگیز تھی۔ پردے کی پابندی بھی پابندی معلوم نہ ہوتی تھی کیونکہ میسور اور بنگلور میں پردے کا رواج عام تھا (یہاں عورتیں اور لڑکیاں برقعے نہیں پہنتی تھیں۔۔۔ تانگوں پر پردے اور کاروں میں بلائنڈز لگتے تھے) اور سبھی معزز گھرانوں کی تعلیم یافتہ لڑکیاں پردہ کرتی تھیں۔

نانا جان کا یہ رویہ درست ہی تھا کہ کم از کم بیاہ ہونے تک لڑکیوں کو ایک حد میں رکھا جائے۔ اس کے بعد ان کے شوہروں کی مرضی پر منحصر ہے جس قدر چاہیں آزادی دیں۔ اب نانا جان میری بے پردگی کا برا نہیں مانتے اور نہ ہی انہیں میرے افسانوں اور

مضامین پر کوئی اعتراض ہے۔ وقت کے ساتھ ساتھ اب وہ بھی وسیع المشرب ہو گئے ہیں یوں بھی اپنے زمانے کے اعتبار سے وہ روشن خیال بزرگ تھے۔ چنانچہ جب میں نے مہارانی کالج بنگلور سے بی۔اے کر لیا تو پھر کئی سال بعد میں نے کراچی یونیورسٹی سے انگریزی ادب میں ایم۔اے کیا۔

کالج کی زندگی کا دور زندگی کا بہترین دور ہوا کرتا ہے۔ میری زندگی میں اور بھی پر رونق اور مسرتوں سے معمور دور آئے ہیں لیکن اس زمانے کی اور نوخیزی کی سادہ مسرتوں کی بات ہی اور تھی۔ میں کالج میں پروفیسرز اور لیکچررز کی "فیوریٹ" تھی۔ ہمارا کالج سٹاف ان دنوں بہت اچھا تھا (اب وہ بات نہیں رہی) پروفیسرز اور لیکچرر مرد اور عورتیں سب آکسفورڈ، کیمبرج، لندن، جرمنی کے پڑھے ہوئے علمی قابلیت رکھتے تھے۔ میں لڑکیوں میں بھی ہر دلعزیز تھی (یہ بات میرے حق میں اچھی ثابت نہ ہوئی کہ میں گھر پر بھی سب کی چہیتی لاڈلی تھی بچپن ہی سے "CHILD PRODIGY" سمجھی جاتی تھی اور سکول کالج میں بھی تحسین کی نظر سے دیکھی جاتی تھی۔ چنانچہ مجھ میں نارسیت اور خود پسندی پیدا ہو گئی) میری بڑی اچھی سہیلیاں تھیں، معزز گھرانوں کی مسلمان ہندو اور عیسائی لڑکیاں بہترین اور گہری دوستیاں اسی زمانے میں ہوا کرتی تھیں۔

میری بہترین اور سب سے عزیز دوست ("انگڑائی" کی زرینہ اور "آئینہ" کی زینی) مرزا مہرین غازی تھیں۔ ایرانی نژاد تھیں اور سر مرزا اسماعیل کی رشتہ کی بھانجی لگتی تھیں (آج کل وہ اپنے میاں کے ساتھ تہران میں رہتی ہیں) وہ مجھ سے اکثر کہا کرتیں۔

ممتاز تم کالج کی سب سے ذہین لڑکی ہو اور تمہارے نانا جان ہیں کہ ایسی لڑکی کو سات پردوں میں چھپا رکھا ہے اس کے باوجود شہر بھر میں تمہارا شہرہ ہے۔ تمہارے نانا جان نے تمہیں اس قدر قید و بند میں نہ رکھا ہوتا تو نہ جانے تم کیسے چمکتیں، تمہاری

پرسنلٹی کیسے ابھرتی۔ ان دنوں بھی جب میں بنگلور کے مہارانی کالج سے بی۔اے کر رہی تھی اور ہوسٹل میں مجھے آزادی میسر تھی میں نے کوئی ایسی بات نہ کی تھی جو میرے نانا ابا کو ناگوار گزرتی گو وہ بنگلور میں موجود نہ تھے لیکن غائبانہ طور پر ان کی موجودگی کا احساس چھایا رہتا تھا۔

صرف ایک مرتبہ انہوں نے کہا تھا "تاج بیٹا (وہ میرے پیدائشی نام ممتاز محل کی مناسبت سے مجھے پیار سے تاج بلایا کرتے تھے یا جنوبی ہند کے دستور کے مطابق تاجماں) اللہ تعالیٰ نے تمہارے قلم کو اظہار کی قوت بخشی ہے اسے اصلاحی کاموں کے لئے وقف کرو۔ انسانوں اور تنقید پر اسے کیوں ضائع کرتی ہو؟" میں نے جواب دیا "نانا جان ادب بھی اصلاح کا ایک ذریعہ ہے اس کا اثر غیر محسوس طور پر زیادہ گہرا اور دیرپا ہوتا ہے۔" یہ جواب سن کر وہ خاموش ہوگئے۔ اب سے تین سال پہلے جب ہم بنکاک سے واپسی پر میسور گئے تھے۔ نانا ابا خود افسانوی انداز میں اپنی سوانح لکھ رہے تھے۔

انہیں میرے شوہر سے کوئی شکایت نہیں تھی اگر شکایت تھی تو بس اتنی کہ وہ مجھے نہ صرف پاکستان لے گئے بلکہ دنیا جہاں میں جانے کہاں، کہاں لیے گھوم رہے ہیں۔ دس دس سال تک "بچی" کی صورت دیکھنی نصیب نہیں ہوتی۔ بے چارے نانا ابا، انہوں نے کتنی محنت سے ہمیں پالا پوسا، ہم سے کتنی محبت کی۔ ان کی اس بے اندازہ محبت کا جواب میرے پاس کیا ہے؟ لیکن وہ اب بھی میرے لئے دنیا بھر میں دو چار محبوب ترین ہستیوں میں سے ہیں اور اپنے ماں باپ سے بھی زیادہ عزیز ہیں اور آج تک ان کی شخصیت کا اثر میری زندگی پر چھایا ہوا ہے۔

نانا ابا کی ثقاہت، پاکیزگی اور پرہیز گاری، اباجان کی وسیع المشربی لبرل خیالات، آزاد اور بے فکر زندگی، عیش کوشی اور آرام طلبی، امی کی سادگی، معصومیت، دنیا سے بے پروائی

اور ناتجربہ کاری، صبر و قناعت اور گوشہ نشینی اور نانی اماں کا خلق، ملنساری، ہر دلعزیزی خوش ذوقی اور نفاست یہ سب متضاد اثرات اور خصوصیات غیر محسوس طور پر میرے کردار اور شخصیت میں گھلے ہوئے ہیں لیکن یوں کہا جا سکتا ہے کہ میری ابتدائی نصف زندگی پر نانا ابا کا اور بقیہ نصف (نصف سے کچھ زیادہ) زندگی پر میرے شوہر صمد شاہین کا اثر سب سے غالب رہا ہے۔

بی اے ہونے تک میرے سترہ سال پورے ہوئے تھے اور نانا جان کے خیال میں شادی کے لیے یہ بالکل مناسب عمر تھی چنانچہ اسی عمر میں اسی سال ۲۳ اگست ۱۹۴۲ء کو میری شادی صمد شاہین سے ہو گئی۔ میرا بیاہ بغیر کسی رسم و ریت کے نہایت سادہ انداز میں ہوا۔ نانا ابا سادگی پسند تھے رسومات کے قائل نہ تھے اور جو نانا ابا کی رائے تھی، وہی ابا، امی کی بھی رائے تھی نہ مجھے مایوں بٹھایا گیا نہ مہندی کی رسم ہوئی نہ جنوبی ہند کے دستور کے مطابق "شکرانے" کی رسم۔ حتیٰ کہ آرسی مصحف کی رسم بھی ادا نہیں کی گئی۔

میری شادی گویا مشرق کی "طے ہوئی" اور مغرب کی "محبت کی شادی" کے بین بین درمیانی نوعیت کی تھی۔ یعنی دونوں گھر والے بھی رضامند تھے اور ہم دونوں کی اپنی مرضی اور پسند بھی تھی اور میں نے ایک خالص مشرقی لڑکی کی طرح اپنے ہونے والے شوہر سے محبت کی تھی۔ ہمارے ٹھیٹ مشرقی گھرانے میں مغربی انداز کی "کورٹ شپ" کا کوئی دخل نہ تھا لیکن نانا ابا نے اس بات کی اجازت دے دی تھی کہ ہم دونوں۔۔۔ یعنی شاہین اور میں کسی "شاپرون" کی موجودگی میں ایک دوسرے سے مل سکتے ہیں۔

صمد شاہین کی عمر اس وقت ۲۵، ۲۶ سال کی تھی۔ سجیلے، جامہ زیب اور وجیہہ نوجوان تھے، طرحدار شخصیت کے مالک (اور اب بیس اکیس سال بعد بھی ان میں کوئی خاص تبدیلی نہیں ہوئی ہے اور نہ اس طویل قربت نے میرے پہلے تاثر کو ڈزالوژن میں

تبدیل کیا ہے) وہ ابھی طالب علم تھے پونا اور بمبئی میں ایم۔اے۔ایل۔ایل۔بی کے لیے ٹرمز ڈال رہے تھے۔ ابھی شادی کا ارادہ نہ تھا لیکن جب وہ چھٹیوں میں گھر آئے تو ان کے چھوٹے بھائی صادق سہیل نے انہیں رضامند کر لیا۔ شاہین اپنے چھوٹے بھائی سے بے حد محبت کرتے ہیں۔ یہ دو بھائی جو چودہ بہن بھائیوں میں سب سے چھوٹے ہیں گویا ایک جان دو قالب ہیں۔ صادق سہیل سب سے چھوٹے ہونے کے باوجود بہت سنجیدہ، ذمہ دار، دور اندیش اور دانشمند ہیں اور خاندان اور گھر کے سارے معاملوں میں انہیں کا دخل ہے۔ چنانچہ وہی میرے لئے پیام لے آئے تھے اور سارے انتظامات اور امور انہوں نے طے کئے تھے۔

جب نانا ابا نے منظوری دے دی، اس رشتہ کو منظور کر لیا اور بات پکی ہو گئی تو انہوں نے مجھے بلا کر کہا "تاج بیٹی تمہارے لیے یہ انتخاب بہت موزوں رہے گا۔ تم دونوں کا جوڑا بہت اچھا ہے۔ تم لکھنے پڑھنے کی شوقین ہو اور صمد بھی تمہارے ہم ذوق ہیں۔ بات طے کرنے سے پہلے میں نے تمہارا ارادہ بھی معلوم کر لیا تھا۔ تمہاری امی اور بہنوں کے ذریعے مجھے علم ہو گیا تھا کہ تم بھی صمد کو بہت پسند کرتی ہو۔ بیٹی ان کی دو باتوں سے میں خاص طور پر متاثر ہوا ہوں ایک تو یہ کہ تمہارے منگیتر نے صاف انکار کر دیا کہ ہماری جانب سے کوئی جہیز، روپیہ حتی کہ زیور بھی نہ دیا جائے۔ آج کل کے نوجوانوں میں یہ بات کہاں ہوتی ہے؟ گو ان کے پاس بھی خدا کا دیا سب کچھ ہے وہ ریاست میسور کے متمول ترین کافی پلانٹرز خاندان سے تعلق رکھتے ہیں۔ ان کے اپنے خاص کافی اسٹیٹ ہیں لیکن ان کے کافی کے باغات سے زیادہ مجھے ان کی لائبریری نے متاثر کیا ہے۔ جس لڑکے نے اس عمر میں اتنی بڑی لائبریری جمع کر رکھی ہو، کتابوں کے انتخاب میں جس کا ذوق اتنا اچھا ہو اور اپنی نوجوانی میں لہو لعب اور فضولیات میں پڑے بغیر، جس نے پڑھنے لکھنے کو

اوڑھنا بچھونا بنایا ہو، ایسا سنجیدہ طبیعت سکالر ٹائپ نوجوان ہی تمہارے لئے بہترین رفیق حیات ثابت ہو سکتا ہے اور تم جیسی ذہین لکھنے پڑھنے کی شوقین لڑکی کے لیے اس گھر میں بہت اچھا ماحول ملے گا۔"

میں حیران رہ گئی کہ نانا ابا اتنے کھلے طور پر مجھ سے میرے ہونے والے شوہر کے بارے میں باتیں کر رہے تھے اور میرا رشتہ طے کرنے میں انہوں نے ان سب باتوں کا اور میری اپنی پسند کا خیال رکھا تھا۔ بزرگوں کی طے کی ہوئی شادیوں کو دقیانوسی سمجھا جاتا ہے لیکن حقیقت یہ ہے کہ ہمارے بزرگ اپنے بچوں کی آئندہ زندگی کی بہتری کا ہر طرح لحاظ رکھ کر یہ طے کرتے ہیں۔ طرفین کی خاندانی شرافت حسب نسب، سماجی حیثیت، مادی خوشحالی، لڑکے لڑکی کی تعلیم، کردار کی درستی، یہ سب باتیں ان کے پیش نظر ہوتی ہیں (یوں دیکھا جائے تو مغرب کی شادیاں بھی اس اعتبار سے طے کی ہوئی ہوتی ہیں کہ ان سب باتوں کا لحاظ رکھ کے لڑکے لڑکیوں کو آپس میں ملنے دیا جاتا ہے۔)

شاہین حقیقتاً میرے لیے بہت اچھے شوہر اور موزوں رفیق حیات ثابت ہوئے اور ان کے گھر میں بھی مجھے بہت اچھا ماحول ملا اتنا اچھا کہ مجھے اپنا "نے ہر "جو صحیح معنوں میں "نے ہر" تھا چھوٹنے کا غم نہ رہا۔ یہ بھی بھرا پرا پر رونق گھر تھا۔ میرے دیور صادق سہیل ہمارے ساتھ ہی رہتے تھے اور شاہین کے والد (قاضی عبد الکریم) بھی بہت ضعیف ہو چکے تھے (شاہین کی امی اپنے چہیتے بیٹے کے سہرے کا ارمان دل میں لیے ہی اس دنیا سے سدھار گئی تھیں۔) ان کے علاوہ جیٹھوں، نندوں کے بیٹے بیٹیاں تھیں جو میسور، پھر بنگلور میں ہائی اسکول اور کالجوں میں تعلیم پا رہی تھیں۔ نو عمر لڑکے لڑکیوں کی موجودگی سے گھر میں بڑی رونق رہا کرتی تھی۔ شاہین کی بھانجیاں، بھتیجے سب مجھ سے دو چار سال چھوٹے تھے اور آپس میں ہم سب دوستوں بلکہ بھائی بہنوں کی طرح رہا کرتے تھے (کبھی کبھی

چھوٹی چھوٹی رنجشیں پیدا ہوتی تھیں تو بہت جلد دور ہو جایا کرتی تھیں) مجھے یوں محسوس ہوتا تھا میکے میں میں اپنے چھوٹے بھائی بہنوں کو چھوڑ آئی ہوں تو ان کے بدل یہاں بھی مجھے چھوٹے بھائی بہنیں مل گئی ہیں۔

شاہین کے خاندان میں یہ پہلا موقع تھا کہ کوئی لڑکی باہر سے بیاہ کر لایا تھا۔ ان کے یہاں آپس میں ہی شادیاں ہوا کرتی تھیں اور دوسرے سب بھائی عم زاد، خالہ زاد بہنوں سے بیاہے گئے تھے۔ خاندان بھر میں اس کا خوب چرچا ہوا کہ شاہین شہر سے ایک گریجوایٹ پڑھی لکھی لڑکی بیاہ کر لائے ہیں لیکن اس کا کسی نے برا نہیں مانا اور سسرال میں جہاں کہیں بھی گئے بڑی گرمجوشی اور محبت سے میرا استقبال کیا گیا۔

شادی کے ڈیڑھ ایک مہینے بعد شاہین مجھے باری باری اپنی بہنوں اور بھائیوں کے کافی ایسٹیٹز (ESTATES) پر لے گئے پھر اپنے ایسٹیٹز پر لے گئے۔ ہم دونوں یہ چاہتے تھے کہ شادی کے ابتدائی مہینے شہر سے دور ایک پر سکون، پر فضا مقام میں گزاریں اور واقعتاً یہ نہایت پر فضا مقام تھا۔ ویسٹرن گھاٹز میں کوئی پانچ چھ ہزار فیٹ کی بلندی پر یہ کافی کے باغات واقع تھے۔ ان باغات کو گھیرے ہوئے پہاڑیاں تھیں اور جنگل اور ہمارے ایسٹیٹز کے عین درمیان شارولی ندی بہتی تھی۔

کافی کے باغات کے علاوہ سنترے اور کیلے کے باغ تھے، کٹھل، آم اور امرود کے درخت، اناس اور دوسرے پھلوں کے آرچرڈ چھوٹی الائچی اور کالی مرچ بھی خوب ہوتی تھی جو بڑی قیمت پر بکتی تھی اور دنیا کی بہترین کافی "پی بیری" ہمارے ایسٹیٹز پر ہوتی تھی۔

مشرقی بنگال میں سلہٹ کے چاء کے باغات کی طرح، جنوبی ہند کے کافی کے باغات بھی پہاڑوں کی ڈھلانوں پر ہوتے تھے۔ سیکڑوں ایکڑ پر پھیلے ہوئے باغات میں کافی کے

پھول لگتے تھے تو یوں معلوم ہوتا تھا جیسے چیری بلوزم کا موسم ہو۔ پھر کافی کے پودے سرخ سرخ پھلوں کے گچھوں سے لد جاتے تھے۔ پکے سرخ پھلوں کو توڑ کر کھلیانوں میں سکھایا جاتا تھا یہ سب کچھ مجھے بڑا رومانی لگتا تھا۔ نوخیز عمر اور شادی کے ابتدائی مہینے، ہر بات میں رومانیت ہی رومانیت نظر آتی تھی۔

لیکن یہاں آن کر مجھے مختلف نوعیت کا تجربہ ہوا۔ یہاں میں نے مزدور طبقے کو قریب سے دیکھا یہاں مجھے پہلی مرتبہ براہ راست مزدور طبقے سے واسطہ پڑا۔ اس وقت ترقی پسند ادب کا دور دورہ تھا اور میں نہ صرف اردو کے ترقی پسند ادیبوں کو پڑھا کرتی تھی بلکہ مغربی ادب میں بھی خاص طور پر ۱۹۳۰ء کے ادیبوں کو اور ان تحریروں کو پڑھا کرتی تھی جو نچلے طبقے اور مزدور طبقے سے متعلق تھیں۔ ان کے زیر اثر مجھ میں آسودہ طبقے سے ہونے پر احساس انفعالیت سا پیدا ہو گیا تھا اور اس طبقے سے میں نے جو ہمدردی محسوس کی تھی وہ پر خلوص ہونے کے باوجود (QAIVE) قسم کی تھی۔ اس طبقے سے مجھے اب تک اتنا ہی واسطہ رہا تھا کہ گھر کے نوکروں کی مصیبت بھری داستانیں ہمدردی سے سنیں۔ کہیں بر سر راہے شہر کے مزدوروں کو کام کرتے دیکھ کر اپنے آپ پر رقت طاری کر لی اور یہاں میں نے اپنے ایسٹیٹز پر سینکڑوں مزدوروں کو کافی کے باغات میں اور کسانوں کو اپنے کھیتوں میں کام کرتے دیکھا تو یہ احساس انفعالیت اور گہرا ہو گیا اور یہ اچانک ہوا کہ ہم "دوسرے کیمپ" میں ہیں یعنی خود سرمایہ دار ہیں۔ مزدور عورتیں مجھے "ایسٹیٹ کی رانی" کہا کرتی تھیں تو عجب سی ندامت محسوس ہوتی تھی لیکن ایک بات سے اطمینان تھا کہ ہمارے ہاں ان مزدوروں، کسانوں کی حالت دوسری جگہوں سے بہت بہتر تھی۔ انہیں مزدوری مناسب دی جاتی تھی۔ ان کے لیے پکے، ہوادار مکانات بنوائے گئے تھے دوائیاں مفت تقسیم کی جاتی تھیں ان کی فریادیں سنی جاتی تھیں، ان کے آپس کے

جھگڑے چکائے جاتے تھے۔

یہ مزدور سرحد مالابار کے گھاٹی مزدور تھے جو بنگلور سے لائے جاتے تھے۔ ان کی جنسی زندگی آزاد تھی اور آئے دن شکایتیں آتی رہتی تھیں کہ فلاں کی بیٹی کو کوئی اڑا لے گیا۔ فلاں کی بیوی شوہر بچوں کو چھوڑ کر فلاں کے ساتھ رہنے لگی ہے۔ کھلیانوں کے پاس ہمارے ایسٹیٹز پر کام کرنے والے مزدوروں کی ایک پوری بستی آباد تھی ان کے تہوار ہوتے تھے تو گہری رات میں مزدور بستی سے گانے بجانے کی آوازیں گونجتی تھیں۔ بڑے بڑے الاؤ جلتے تھے اور ان کے گرد لوک ناچ ہوتے تھے۔ سارا ماحول اور پس منظر اتنا EXOTIC تھا کہ اس پر ایک کتاب ہی لکھی جاسکتی تھی۔ ان دنوں میں نے ملک راج آنند کی کتاب "TWO LEAVES AND A BUD" پڑھی تھی جو چائے کے باغات کے پس منظر میں لکھی گئی تھی اور کافی کے باغات کے پس منظر میں ایک ناولٹ لکھنے کا مجھے بھی خیال آیا ہوا تھا لیکن ہم زیادہ دیر یہاں نہ رہے اور بعد میں بھی ہم شاذ ہی اپنے ایسٹیٹز جاتے تھے سارے انتظامات ایک منیجر کے سپرد تھے اور اپنے ایسٹیٹز کے ساتھ ہمارے ایسٹیٹز کی دیکھ بھال بھی شاہین کے چھوٹے بھائی صادق سہیل کیا کرتے تھے اور ہم شہر ہی میں رہتے تھے۔

یہاں تین چار ماہ رہ کر ہم میسور واپس ہوئے تو شاہین ہائی کورٹ میں ایڈوکیٹ ہو گئے لیکن ان کی پریکٹس برائے نام تھی اور کورٹ کے کیسوں کے مطالعہ میں ان کا جی بالکل نہ لگتا تھا۔ ہماری لائبریری ایسٹیٹز پر تھی اور یہاں ہم چن چن کر بہترین کتابیں ساتھ لے آئے تھے اور بس کتابیں تھیں اور ہم تھے۔ دن رات مطالعہ اور ادبی بحث میں گزرتے پھر ہم نے وہ سکیم بنائی جس کی ہم دونوں کو دیرینہ آرزو تھی یعنی ایک معیاری ادبی رسالہ نکالنے کی سکیم۔ شہر میسور میں رسالے کے اجراء کے لیے زیادہ سہولتیں نہ

تھیں لہذا ہم بنگلور منتقل ہو گئے اور ۱۹۴۴ء میں شادی کے سال بھر بعد ہم نے بنگلور سے "نیا دور" (اور ایک انگریزی ہفتہ وار "میسورین") نکالا بہت جلد شمالی ہند کے اچھے اچھے ادیبوں کا تعاون ہمیں حاصل ہو گیا اور آن کی آن میں "نیا دور" کو جو کتابی صورت میں اردو کا پہلا رسالہ تھا وہ ترقی حاصل ہوئی کہ اس کا شمار ہندوستان بھر کے دو ایک سب سے معیاری ادبی رسالوں میں ہونے لگا۔

"نیا دور" کو ہم نے نہایت محبت اور محنت سے پروان چڑھایا "نیا دور" کے اجراء کے چند مہینوں بعد ہمارے ہاں بچہ پیدا ہوا لیکن مجھے یوں محسوس ہوتا تھا جیسے "نیا دور" بھی اپنا بچہ ہے اب مجھے یہ خیال ہوتا ہے کہ شاید میں نے اپنے دو بچوں سے زیادہ "نیا دور" پر توجہ دی تھی اور بچے میری ماں، بہنوں، بھتیجے اور بھانجیوں میں ہاتھوں ہاتھ پل گئے تھے میں ابھی کمسن تھی، بیس سال کے اندر دو بچوں کی ماں بن گئی تھی اور مجھ میں بچوں کی تخلیق سے اپنی زندگی اور شخصیت کی تکمیل کا شعور ابھی پوری طرح بیدار نہ ہوا تھا لیکن شوہر، دو منے بچوں اور "نیا دور" کے ساتھ میری ننھی سی دنیا مکمل تھی۔

شادی کے بعد چار سال میسور اور بنگلور میں بڑے اطمینان اور سکون سے گزرے تھے کہ ۴۷ء کے فسادات کی آگ بھڑک اٹھی۔ اس آگ کے شعلوں نے ریاست میسور کو صرف چھوا ہی تھا۔ یہاں بظاہر امن و امان تھا بہت کم وارداتیں ہوئی تھیں۔ ہمارے محلے بسون گڑھی میں جو خالص مسلمانوں کا محلہ تھا یہ خبر پھیلی تھی کہ پاس کے مندر سے سر شام سنکھ بجنے کی آواز آتی ہے اور دوسرے محلوں کے ہندو یہاں جمع ہوتے ہیں اور اس مسلمان محلے پر حملہ کرنے کے منصوبے بنا رہے ہیں۔ ایک خوف و ہراس کی کیفیت پیہم چھائی رہتی تھی۔ تاہم فسادات کی آگ کے بھڑکنے کا یہاں امکان کم ہی تھا۔

قیام پاکستان کے فوراً بعد ہم نے پاکستان جانے کا ارادہ کر لیا تو اس کی وجہ یہ نہ تھی کہ

ہم خطرے میں گھرے ہوئے تھے یہ ہماری دیرینہ آرزو تھی اور عرصے سے یہ عقیدہ ہمارے دل میں جاگزیں تھا کہ مسلمانوں کا مستقبل پاکستان سے وابستہ ہے۔ ہمارے رشتہ داروں میں سے کوئی بھی ہمارے ساتھ پاکستان آنے پر تیار نہ تھے۔ شاہین کے بھائیوں نے انہیں سمجھایا کہ وہ پاکستان میں ایک نئی زندگی کا آغاز کیسے کریں گے؟ زندگی گویا "صفر" سے شروع کرنی ہوگی اور بہت ممکن ہے کہ شاہین اپنی ساری آبائی جائیداد، مکانات، کافی ایسٹیٹز سب کچھ کھو بیٹھیں لیکن شاہین مصر رہے کہ آبائی جائیداد کھونے کا انہیں افسوس نہیں ہوگا اور پاکستان میں انہیں پچاس روپے کی نوکری قبول ہے۔ چنانچہ دو ہی ہفتہ بعد یعنی اگست کے آخر میں وہ پاکستان چلے گئے۔ کراچی کے سندھ مسلم مدرسہ کالج اور سندھ مدرسہ لاء کالج دونوں جگہ انگریزی ادب اور قانون کے لیکچرر ہو گئے۔ پانچ مہینے بعد ۱۹۴۸ء کے آغاز میں وہ واپس آکر مجھے اور بچوں کو جو اس وقت دو تین سال کے تھے اپنے ساتھ پاکستان لے آئے۔

پاکستان آنا ہمارے لئے نقل وطن تھا یا ہجرت؟ ہم فسادات کی قیامت سے نہیں گزرے تھے اور اپنے رشتہ داروں کو اچھی حالت میں چھوڑ آئے تھے۔ بچھڑے ہوؤں کا خیال کسے نہیں آتا اور اپنے وطن کے گلی کوچے یاد نہیں آتے۔ میں میسور اور بنگلور کے لئے "نوسٹولسجیا" محسوس کرتی ہوں اور شاہین کو اگر کوئی مقام بے انتہا عزیز تھا تو وہ ان کا اپنا کافی ایسٹیٹ "بیلگوڈ" تھا۔ شاہین کی پیدائش اور ہمارے ہنی مون کا وہ پر فضا مقام، وہ جنگل، وہ باغات، وہ پہاڑیاں ندی اور جھرنے۔۔۔ شاہین کے بچپن اور نوجوانی کی یادیں یہیں سے وابستہ تھیں اور وہ اس مقام کے لئے "نوسٹولسجیا" محسوس کرتے ہیں۔ تاہم پاکستان آنے کے بعد ایک نئی سر زمین میں اپنی ایک نئی دنیا بسانے کا احساس اس نوسٹولسجیا پر غالب آگیا اور ہم نے اپنے آپ کو اس نئے روحانی وطن سے مکمل طور پر

وابستہ کر لیا۔

لہذا ہجرت کا احساس جلاوطنی کے احساس پر منتج نہ ہو ویسے "اجنبی" اور "جلاوطن" ہونے کا احساس موجودہ دور کے انسان کے خمیر میں ہے۔ وہ اس دنیا میں خود اپنے وطن میں بلکہ اپنے جسم کی قید میں اپنے آپ کو "اجنبی" اور "جلاوطن" کر سکتا ہے۔

پاکستان آنے کے بعد ہماری زندگی ایک مستقل سفر بن گئی ہے ایک سفر سے دوسرا سفر، مشرق سے مغرب کی طرف اور مغرب سے مشرق کی جانب لیکن پاکستان کا سفر میرے لئے سب سے بڑا سفر تھا گو مکانی فاصلہ کے اعتبار سے میں نے اس سے بڑے سفر کئے ہیں۔ کیوں کہ یہ سفر صرف جسمانی نہیں، ذہنی، جذباتی اور روحانی سفر بھی تھا۔ ایک نئی زندگی کا آغاز اور ایک نئے ملک سے اپنی ساری وفاداریوں، حب الوطنی اور جذباتی لگن کا وابستہ ہونا ایک اہم تجربہ تھا۔ ظاہر ہے کہ یہ صرف اپنا انفرادی تجربہ نہ تھا بلکہ قوم کا اجتماعی تجربہ بھی تھا۔

(ناتمام) ماخوذ از: ادبی مجلہ "قند" (جلد ۳، شمارہ: ۴-۵، جنوری / فروری ۱۹۷۴ء)

The Autobiography of Mumtaz Shireen. Essay: Mumtaz Shireen

* * *

۲

مغنی تبسم

عوض سعید

پروفیسر مغنی تبسم

پیدائش : ۱۳/ جون ۱۹۳۰ (حیدرآباد)

وفات: ۱۵/ فروری ۲۰۱۲ (حیدرآباد)

۲۶-۲۷ فروری ۱۹۹۹ کو نمائش کلب، حیدرآباد میں "جشن اعتراف خدمات پروفیسر مغنی تبسم" منایا گیا اور اس ضمن میں ۷۰ صفحات کا اہم، معلوماتی اور دیدہ زیب سوونیر شائع کیا گیا تھا، سوونیر میں عوض سعید، خالد قادری اور ڈاکٹر بیگ احساس کے تحریر کردہ خاکے شامل ہیں۔ ذیل میں عوض سعید کا تحریر کردہ مضمون پیش خدمت ہے۔

مجھے یاد نہیں کہ میری مغنی سے پہلی ملاقات کب اور کہاں ہوئی تھی۔ ہاں یہ احساس ضرور ہے کہ میں انہیں آج بھی رگ جاں کے قریب پاتا ہوں۔ اس قرب کے باوجود اگر میں یہ کہوں کہ مغنی کی شخصیت کی نقاب کشائی کا اہل میں ہی ہوں تو یہ میری خوش فہمی ہوگی۔ کیوں کہ مغنی کی شخصیت کی گہرائی تک پہنچنا کم از کم میرے بس کی بات نہیں۔ اس لئے مغنی کی شخصیت کا تجزیہ کرنا میرے لئے واقعی مشکل کام ہے۔ مشکل ان معنی میں کہ وہ ۲، ۲، ۴ والی شخصیت نہیں بلکہ ۲، ۲،۔۔۔ والی شخصیت ہے۔

ممکن ہے قدیر زباں مغنی کی تہہ دار شخصیت کے اس چیلنج کو قبول کرلیں۔ ویسے کسی

بھی چیلنج کو قبول کرنا اور پھر حواس باختہ ہو جانا قدیر زماں کے لئے معمولی سی بات ہے۔ یہ تو جملہ معترضہ تھا۔ مجھے تو یہاں مغنی تبسم کی شخصیت کے بارے میں کچھ کہنا ہے۔

مغنی سے جب صرف پہچان تھی تو ان کا بیش تر وقت "پارٹی" کے کاموں میں گزرتا تھا۔ ایک طرف والد بزرگ وار جج، دوسری طرف فرزند ارجمند کامریڈ، اور ۵۰ یا۵۲ کا سنہ عجیب زمانہ تھا وہ بھی۔

پھر جب آگے بڑھے تو پیچھے مڑ کر یہ بھی نہ دیکھا کہ صبح کا انتظار کرنے والے ساتھیوں پر رات کیسے گزرتی ہے۔

مغنی کی شخصیت کا ایک جز ان کی اپنی "نرگیست" بھی ہے۔ اور وہ اس آئینے کو بڑی مضبوطی سے تھامے رہتے ہیں جن میں ان کے چہرے کا عکس مٹتا ابھرتا رہتا ہے۔ وہ باہر نکلنے سے پہلے اپنے آپ کو سنوارنے میں کافی وقت صرف کرتے ہیں۔ وہ اس وقت تک آئینے کے سامنے سے نہیں ہٹتے جب تک کہ ان کا کوئی ساتھی انتظار سے تنگ آکر یہ نہ کہے۔

"مغنی صاحب اگر آپ مصروف ہوں تو میں پھر کبھی آجاؤں گا۔"

جواباً وہ صرف یہی کہتے "معاف کیجئے گا کچھ دیر ہو گئی۔ میں آرہا ہوں۔"

ادبی اور علمی بحثوں میں اچانک کوئی چونکا دینے والی بات کہہ کر اپنے ساتھیوں کو بحث میں الجھا دینا اور پھر دور کھڑے ہو کر تماشا دیکھنا مغنی کا وصف خاص ہے۔ ایسے موقعوں پر انہیں اس شرارت سے کوئی بھی باز نہیں رکھ سکتا۔ ویسے مغنی فطرتاً ایک شریف اور وضع دار آدمی بھی ہیں۔ باہر سے آنے والے ساتھیوں کا خیر مقدم کرنا اور انہیں ایرپورٹ یا اسٹیشن تک پہنچا کر خدا حافظ کہنا مغنی کے معمولات میں سے ایک ہے۔

مغنی سے سو بار مل کر بھی یہی احساس ہوتا ہے۔

اصغر سے ملے لیکن اصغر کو نہیں جانا

مغنی کی شخصیت اس بند کرے کی مانند ہے جس پر تالا پڑا ہوا ہیاور چابی کسی اور کے پاس نہیں خود ان ہی کی جیب میں ہے۔ اس لئے یہاں جو بھی باتیں میں ان کے بارے میں کہوں گا۔ ضروری نہیں کہ آپ بھی اس سے متفق ہوں۔

انور معظم کی طرح مغنی بھی اپنے دوستوں کے گھر شاذ و نادر ہی جاتے ہیں۔ اکثر صورتوں میں تو ان کے ساتھیوں ہی کو ان کے گھر کا طواف کرنا پڑتا ہے۔

ایک دفعہ وہ صبح ہی صبح میرے گھر آئے۔ دروازے کو کھٹکھٹانے کے بعد اوصاف کو آواز دی (اوصاف میرے بچے کا نام ہے)

میں نے فاطمہ سے کہا۔ یہ مغنی کی آواز معلوم ہو رہی ہے۔ ضرور کوئی مرا ہو گا۔

فاطمہ نے ناگواری سے میری طرف دیکھا اور کہا۔ "چپ بھی ہو جایئے، بھائی اگر سن لیں گے تو کیا کہیں گے۔"

پھر مغنی نے اندر آکر جب چپ کی چادر اوڑھ لی تو میں سمجھ گیا کہ کوئی خاص بات ضرور ہے۔ پھر وہی بات انہوں نے کہی جو میرے دل میں تھی۔ اپنے ایک عزیز کی موت۔

حلقۂ احباب ذوق اور میراجی مغنی کی سب سے بڑی کم زوری ہے ان کی یہی کم زوری انہیں ادب کے بعض مخصوص حلقوں میں معتوب بھی کرتی ہے۔ اس کے باوصف میراجی اور راشد کے ادبی سرمائے کی شیرازہ بندی میں وہ برسوں سے جتے ہوئے ہیں۔ اس کٹھن مہم میں انہوں نے اپنے دو ایک شاگردوں کو بھی شامل کر لیا ہے۔

مغنی کے ورغلانے ہی پر ایک نے اپنے تھیسیس کے لئے راشد کا انتخاب کیا ہے دوسرے نے ان کے زیر اثر میراجی کا۔

مغنی نے احتیاط کو ملحوظ رکھتے ہوئے اپنے دونوں شاگردوں پر کڑی نظر رکھی ہے کہ کہیں وہ ہتھے سے نہ نکل جائیں۔ چنانچہ ان کے پہلے شاگرد نے اس بھاری پتھر کو چومنے سے بہتر یہی سمجھا کہ چند برس کے لئے کہیں فرار ہو جائیں۔ اور اس طرح ایک دن وہ لاپتہ ہو گئے سنا ہے کہ انہوں نے اپنی نجات کا راستہ رحمت آباد کی درگاہ میں ڈھونڈ لیا ہے ۔ کوئی عجب نہیں کہ وہ وہاں یہ دعا بھی کرتے رہے ہوں کہ معبود مجھے مغنی اور راشد سے بچائے رکھ۔

دوسرے شاگرد کے بارے میں ایک اطلاع مجھے یہ ملی کہ وہ میراجی کی بھٹکی ہوئی روح کے تعاقب میں دور نکل پڑے ہیں اور ہنوز انہیں لوہے کے ان تین گولوں کے حصول میں کامیابی نصیب نہیں ہوئی ہے، جو میراجی کے ہاتھ میں گھوما کرتے تھے۔

مغنی کی نگرانی میں ریسرچ کرنا گویا پل صراط پر سے گزرنا ہے۔ اس پل صراط سے وہی سرکش گزر سکتے ہیں جن کے دل میں کام کی لگن اور سودا ہو۔ دوستی اور یاری کے باب میں مغنی کی محبت کا انداز ہی کچھ نرالا ہے۔ وہ جی جان سے ہر ایک کو چاہیں گے مگر اس طرح کہ اسے کانوں کان خبر نہ ہو۔ لیکن جب جذبہ محبت غالب آ ہی جائے تو زبان ان کے اظہار کا ذریعہ بن جاتی ہے۔

وہ رات مجھے اچھی طرح یاد ہے جب انہوں نے شاذ کو خلوص سے طلے لگاتے ہوئے کہا تھا۔ شاذ تم فیض سے اچھے شاعر ہو۔ میں تم پر ضرور مضمون لکھوں گا۔"

یہ بات مغنی نے یوں ہی نہیں پوری سنجیدگی کے ساتھ کہی تھی۔

"مغنی صاحب یہ تو آپ کی محبت اور عنایت ہے۔ ورنہ یہ بندہ خاک۔"

"تم نہیں جانتے شاذ کہ تم فیض سے بہ ہر حال اچھے شاعر ہو۔"

"یہ خاکسار۔ بہ ہر حال اپنے آپ کو فیض سے کچھ کم ہی سمجھتا ہے۔ لیکن خدا جھوٹ

نہ بلوائے مغنی صاحب۔ میں بڑا بول نہیں بولتا۔ خدا نے مجھے کچھ اتنی عزت دی ہے کہ میری شہرت ہندوستان اور پاکستان ہی میں نہیں بلکہ افغانستان میں بھی ہے۔ اب تو مڈل ایسٹ اور اسٹیٹس میں بھی شاذ ہی کی باتیں ہوتی ہیں۔ یار عوض تم چپ کیوں ہو۔ کیا میں یہ باتیں غلط کہہ رہا ہوں۔"

"نہیں شاذ تم ٹھیک ہی کہہ رہے ہو۔ تمہاری شہرت آج کل فلم اسٹاروں سے کچھ کم نہیں ہے۔"

اب آئے ہو راستے پر۔"

منظر بدلا تو کچھ پرانے چہرے پھر مجھے دکھائی دیے۔ ان چہروں میں قاضی سلیم کا بھی چہرہ تھا۔ اور انور معظم کا بھی۔ مصحف اقبال کا بھی اور مغنی کا بھی۔

رائل ہوٹل کے کمرے میں داخل ہو کر میں نے اپنی نشست سنبھالی ہی تھی کہ مجھے ایک آواز آئی۔ واہ کیا بات کہہ دی ہے۔ اقبال پھر سے یہ شعر سناؤ۔ سناتے رہو۔

جس سے لی تھی اسی کو لوٹا دیں
یہ رہیں صبحیں، یہ رہیں شامیں

یہ مغنی تھے جن پر اس شعر نے ایک وجدانی سی کیفیت طاری کر دی تھی۔ اور جب ایک اور منظر بدلا تو اقبال نے انور معظم سے کہا" مغنی صاحب کی محبت اور ان کی شعر فہمی پر ہمیں فخر ہے۔ وہ کبھی جھوٹی تعریف نہیں کرتے۔ انور نے مسکرا کر میری طرف دیکھا اور کہا۔" اس میں کیا کلام ہے۔"

مغنی کی کم آمیزی بھی ان کے لئے ایک ہتھیار کا کام دیتی ہے اور انہیں ناگہانی حملوں سے بچاتی ہے۔ کبھی کبھی تو اہم سے اہم مسئلہ بھی ان کی کم گوئی اور خاموشی کی نذر ہو جاتا ہے۔ مغنی نہ کسی کو مشورہ دیتے ہیں اور نہ کسی کا مشورہ سنتے ہیں۔

ایک دن مجھے ان سے مل کر ایک مشکل دور کرنی تھی۔ یعنی میں مشورہ کا طلبگار تھا۔ وہ میری باتیں بڑی دیر تک سنتے رہے۔ پھر ایک گہری سوچ میں ڈوب گئے۔ میں ان کے استغراق کو دیکھ کر یہ سمجھ بیٹھا کہ وہ میری مشکل کا کوئی نہ کوئی حل ضرور نکالیں گے۔

کافی غور و خوض کے بعد انہوں نے جو جملہ مجھ سے کہا۔ وہ یہ تھا۔

"کل ایوان اردو میں ایک ادبی نشست ہے فرصت ہو تو آجایئے۔"

پھر اس کے بعد میں نے یہ عہد کر لیا کہ کبھی مغنی سے مشورہ نہ طلب کیا جائے۔

ڈریسنگ کے باب میں مغنی بڑے اپٹوڈیٹ اور موڈرن بھی ہیں۔ وہ اپنے قیمتی کپڑوں کی آئرننگ خود ہی کرتے ہیں۔ دھوبی کی آئرننگ پر انہیں بھروسہ نہیں۔ کپڑوں پر جو کریز مغنی پیدا کرتے ہیں۔ اگر دھوبی بھی اسے دیکھ لے تو شائد شرمندہ ہو جائے۔

ایک دن میں جب ان کے گھر پہنچا تو وہ سوٹ میں ملبوس تھے۔ میں نے مغنی سے پوچھا۔ "کیا آپ باہر جا رہے ہیں۔"

مغنی نے کہا۔ "نہیں۔"

پھر میں نے پوچھا۔ "کیا مغنی صاحب آپ باہر سے آرہے ہیں؟"

انہوں نے کہا۔ "نہیں۔"

میں گھر چلا آیا اور شعر و حکمت کے بند ہو جانے کے اسباب پر غور کرنے لگا۔

مغنی تبسم جن کے ہونٹوں پر تبسم کی کلیاں ذرا کم ہی چٹکتی ہیں۔ میرے اس دو ڈھائی دوستوں میں سے ہیں جن سے مل کر ہمیشہ خوشی ہوتی ہے۔ خواہ وہ کسی موڈ یا رنگ میں کیوں نہ ہوں۔ ہاں مغنی ان ہی لوگوں کے لئے بوجھ بن سکتے ہیں جن کے کان ذہانت کی خوشبو سے ناآشنا ہوں۔

مغنی کے مزاج میں فن کاروں کی سی قلندری بھی ہے۔ تشہیر اور نام و نمود کے امام

ضامن کو کبھی انہوں نے اپنے ہاتھ پر نہیں باندھا۔ ملک کے بڑے بڑے ادبی سمیناروں میں شرکت کی ۔ لیکن کسی بھی اخبار کو اپنے آنے جانے کی اطلاع نہیں دی ۔ خوب تعریفیں بٹوریں۔ لیکن اس کا ذکر کسی کے سامنے نہیں کیا۔

چپ چاپ گئے اور خاموشی سے لوٹ آئے۔ ایسی باتیں بڑا ظرف مانگتی ہیں۔

شاید یہ جان کر آپ کو حیرت ہو کہ کبھی بھٹکی ہوئی روحوں سے بھی مغنی کا تعلق خاطر رہا ہے۔ وہ رات کے کسی بھی حصے میں، کبھی تنہا اور کبھی اپنے مخصوص احباب کے ساتھ جس روح کو بھی بلوانا ہوتا ہے۔ اسے بلواتے ہیں۔ اور اس سے کچھ سوالات کرتے۔ اور یہ سلسلہ رات دیر گئے تک چلتا رہتا۔

ان کے اصرار پر ایک دن میں نے بھی اس تماشے میں شامل ہونے کی کوشش کی۔ بات چیت کے لئے میں نے اپنے ایک مرحوم ساتھی کا انتخاب کیا جو میرے بلاوے پر آتا ہی نہ تھا۔

میں نے تھک ہار کر مغنی کی طرف دیکھا تو انہوں نے آنکھوں ہی آنکھوں میں میری ہمت بندھائی۔ لیکن کنکشن کی غلطی سے ایک عجیب وغریب روح نے اچانک مجھے آدبوچا۔ اور بات شروع ہو گئی۔ میں ایک دم بوکھلا سا گیا۔

میرے چہرے پر آئی ہوئی گھبراہٹ کی لکیروں کو پڑھتے ہوئے مغنی نے کہا۔

"کبھی کبھی غلطی سے خبیث روحوں سے بھی ہمارا سابقہ پڑ جاتا ہے۔"

"ہاں معاملہ ہی کچھ ایسا ہے۔" میں نے گھبراہٹ بھرے لہجے میں کہا۔

"کون تھا وہ۔۔۔۔۔؟" مغنی نے تفصیل جاننا چاہی۔

لیکن میں گریز سے کام لیتا رہا۔ جب ان کا اصرار کافی بڑھ گیا تو میں نے بڑی مایوسی سے کہا۔ "وہ میرا جی تھے اور آپ ہی کو پوچھ رہے تھے۔"

مغنی کی شخصیت اکہری نہیں بلکہ دوہری ہے۔ اور دوہری بھی اس طرح کہ شخصیت کا ایک سرا کہیں اور ہے تو دوسرا کہیں اور۔۔۔۔۔۔۔ جیسے زمین و آسمان آپس میں گلے مل رہے ہوں۔

اس خاموش اور شانت سمندر میں کب طوفان آجائے کوئی بتا نہیں سکتا۔

میں نے انہیں کئی روپ میں دیکھا ہے، محبت کی آخری سیڑھی چڑھتے ہوئے بھی اور دور کھڑے ہو کر اسے الوداع کرتے ہوئے بھی۔ یاروں کی محفل میں جان ڈالتے ہوئے بھی آناً فاناً اسے برباد کرتے ہوئے بھی۔

انہوں نے اپنے لیے ایک شیڈول بنالیا ہے جو ہر سال تبدیل ہوتا رہتا ہے۔ کبھی شاذ کو فیض پر فوقیت دے دی تو کبھی دبلے پتلے مصحف اقبال کو اچانک پہلوانوں کے اکھاڑے میں کھڑا کر دیا۔ کبھی ایک کا ہاتھ تھاما تو کبھی دوسرے کا گریبان چاک کیا۔ کبھی کھائی میں گرے ہوئے کسی ادھ موئے شاعر کو آواز دی تو دوسری طرف خاصے بھلے شاعر کو کنویں میں ڈھکیل دیا۔

ان کا یہ کھیل تماشا نجی محفلوں میں مدت سے جاری ہے۔ لیکن جب لکھنے کا معاملہ آتا ہے تو ان کا وطیرہ کچھ اور ہی ہوتا ہے۔ جب کبھی وہ سنجیدگی سے موضوع کو چھوتے ہیں تو اس میں جان ڈال کر ہی رہتے ہیں۔

جدید کہانیوں اور نظموں کا تجزیہ وہ کچھ اس خوب صورتی سے کرتے ہیں کہ معنی و مفاہیم کے کئی گوشے دھیرے دھیرے لکھنے والے کے ذہن میں روشن ہونے لگتے ہیں اور بالآخر وہ اپنی عجیب و غریب باتوں اور تجزیے کے سہارے ادیب کی شخصیت کو پوری طرح جکڑ لیتے ہیں۔ پھر فن کار کے لئے ان کے اس سحر سے نکلنا مشکل ہو جاتا ہے۔ کبھی کبھی تو وہ کسی تخلیق کو سونگھ کر بھی اس کے اچھے یا برے ہونے کا فیصلہ کر دیتے ہیں۔ اس

منزل پر بھی وہ متاثر کیے بغیر نہیں رہ سکتے۔ مجھے یاد نہیں۔ انہوں نے سنجیدگی کا لحاف اوڑھے میرے کتنے افسانوں کے پرخچے اڑائے اور کتنی کہانیوں کو بانس پر چڑھایا لیکن وہ مجھے ہر عالم اور ہر روپ میں بڑے پیارے لگے۔

مغنی مزاجاً قلندر بھی ہیں اور قدرے دنیادار بھی۔ کبھی وہ اپنے وجود کو سمندر میں پھینکے ہوئے اس لکڑی کے ٹکڑے کی طرح سمجھتے ہیں۔ جنہیں لہراتی ہوئی موجیں اسے ادھر ادھر بے سمت بھٹکاتی رہتی ہیں۔ اس موڑ پر پہنچ کر وہ زندگی کی بے معنویت کے قائل ہ وجاتے ہیں اور زندگی کے اس عذاب سے نجات پانے کے لئے اپنے آپ کو Drift کرتے ہیں اور اس Drifting ہی کو انسان کا اصلی مقدر سمجھتے ہیں۔ لیکن دیر ہی سے سہی اس خول سے نکل بھی آتے ہیں۔

مغنی کی ڈاک ہمیشہ بھاری بھر کم ہوتی ہے۔ ان کے گھر آیئے ہوئے رسالے اور کتابیں مطالعہ کے انتظار میں جیسے اور تکتے رہتے ہیں۔ لیکن وہ صرف انہیں سونگھ کر رکھ دیتے ہیں۔ انہیں ہاتھ نہیں لگاتے۔ لیکن جب ان پر پڑھنے کا دورہ پڑتا ہے تو انہیں کسی بات کا دھیان نہیں ہوتا، ایسے وقت وہ اس صوفی کی طرح دکھائی دیتے ہیں جس پر اچانک وجدانی کیفیت طاری ہوگئی ہو اور جبر و قدر کا مسئلہ حلق میں پھنس کر رہ گیا ہو۔

مغنی کو بھولے سے بھی اپنی کتابیں یا رسائل دیجیئے وہ انہیں اپنی ٹیڑھی میڑھی لائبریری میں اس طرح محفوظ کر دیتے ہیں کہ انہیں ڈھونڈتے ڈھونڈتے آنکھیں پتھرا جاتی ہیں مگر ان کی صحت پر ذرا بھی اثر نہیں پڑتا۔ وہ مخصوص انداز میں کچھ اس طرح مسکراتے ہیں کہ کبھی کبھی جی جل اٹھتا ہے۔ دوسری طرف ان کی مروتوں کا یہ عالم ہے کہ گھر آنے جانے والا کوئی بھی دوست یا عزیز اپنی پسند کی کوئی بھی کتاب اس طرح اٹھالے جاتا ہے جیسے یہ ان کی اپنی ملکیت ہو۔ ایسے وقت بھی ان کے ہونٹوں پر وہی

مسکراہٹ رینگتی رہتی ہے۔

ایک دن وہ بڑے موڈ میں تھے۔ گھر آتے ہی بستر پر لیٹ گئے۔ میرے ساتھ شاذ اور راشد آذر بھی تھے۔ راشد اور شاذ کی بھوکی نگاہیں بک شلف میں پھنسی ہوئی کتابوں کا طواف کررہی تھیں جیسے اب کوئی ناگہانی حادثہ ہونے والا ہو۔ مغنی نے لیٹے لیٹے اس صورت حال کا جائزہ لیا۔ اور دھیمے لہجے میں کہا۔ '' یہ سب کتابیں لے لو۔ میری پوری لائبریری تم ہی لوگوں کے لئے ہے۔''

مغنی کا یہ کہنا تھا کہ راشد اور شاذ کتابوں پر ٹوٹ پڑے جو بھی کتابیں ہاتھ لگیں، کار میں اسے ٹھونسنا شروع کر دیا جیسے یہاں کوئی مال غنیمت تقسیم ہو رہا ہو۔ میرے حصے میں صرف ساقی فاروقی کا مجموعہ ''پیاس کا صحرا'' ہی آیا جو میری تسکین کا باعث بنا۔ ادھر راشد میری نادانی پر ہنس رہے تھے۔ اور میں انہیں جواب بھی کیا دیتا یہ تو اپنی اپنی پسند کا معاملہ تھا۔

دوسرے دن ملاقات ہوئی تو میں نے سارا حال کہہ سنایا لیکن وہ حسب عادت زیر لب مسکرا رہے تھے۔ جیسے کوئی اہم واقعہ ہوا نہ ہو۔ انہیں ذرا بھی اس بات کا ملال نہیں تھا کہ یاروں نے ان کی ڈھیر ساری کتابیں ہڑپ کرلی ہیں ان کی شخصیت کا یہ تضاد انوکھا بھی ہے اور دلچسپ بھی۔

میں نے مغنی کو ہمیشہ اپنے یاروں سے کہیں زیادہ اپنے مخالفین کی مدد کرتے دیکھا ہے۔ ان کی اس حکمت عملی سے کبھی کبھی انہیں فائدہ کی جگہ نقصان بھی پہنچا ہے۔

بعض لوگ اپنی خوبیوں سے کہیں زیادہ اپنی شخصی کمزوریوں سے پہچانے جاتے ہیں لیکن مغنی اپنی خوبیوں ہی کے سبب جانے جاتے ہیں۔ ان کی اپنی شخصی کمزوریاں کبھی ان کی خوبیوں پر حاوی ہونے نہیں پاتیں۔

مغنی جیسا شاہ خرچ آدمی میں نے ذرا کم ہی دیکھا ہے۔ وقت بے وقت اپنی جیب سے سو کا نوٹ وہ اس طرح سے نکالتے ہیں جیسے وہ سو کا نوٹ نہ ہو کاغذ کا کوئی بے کار پرزہ ہو پتہ نہیں ان کی شاہ خرچی کب انہیں لے ڈوبے۔ بہ ظاہر اس طرح ڈوبنے کے دور دور تک کوئی آثار نہیں ہیں۔ ویسے آنے والے کل کے بارے میں کون کیا کہہ سکتا ہے۔

مغنی کا مزاج جواریوں جیسا ہے۔ وہ زندگی ہی کو ایک جوا سمجھتے ہیں۔ اس لئے ان کے ہاں ہار جیت کا کوئی علاحدہ خانہ نہیں ہے۔ ایک ہی خانہ ہے جس میں ان کے شب و روز کا حساب بڑھتا اور گھٹتا رہتا ہے ۔ مغنی شروع ہی سے بڑے Active اور مصروف آدمی رہے ہیں۔ کوئی ادبی اور تہذیبی سرگرمیاں ایسی نہیں جہاں ان کا عمل دخل نہ ہو۔ دوسروں کے لئے کوئی مسئلہ بننے سے پہلے، ایک ایک کر کے وہ سارے اہم کام اپنے ذمے لے لیتے ہیں اور انہیں اس سلیقے سے منزل تک پہنچاتے کہ آدمی حیرت سے ان کا منہ تکتا رہ جاتا ہے۔ اس صورت حال کے پیش نظر اگر کوئی ان سے یہ کہے کہ مغنی صاحب آپ نے یہ کیا بکھیڑے پال رکھے ہیں۔ طالب علموں کو ڈھنگ سے پڑھا دیا۔ وقت پر کلاس لے لی۔ کیا آپ کے لیے یہ کافی نہیں ہے۔

"نہیں۔۔۔۔یہی سب کچھ نہیں ہے کچھ اور بھی ہے۔"

کچھ اور بھی ہے۔ سننے کے بعد جی تو یہی چاہتا ہے کہ انہیں آگے کی منزل پر تنہا چھوڑ کر کسی چور دروازے کے ذریعے فرار ہو جایں۔ مگر مصروفیتوں کے دلدل میں پھنسے رہنے کا مزا اتنی آسان لوگ کیا جانیں۔

مے نوشی خیام کی ذات پر ختم ہو یا نہ ہو مگر چائے نوشی کے سارے راستے مغنی کی ذات پر آ کر ختم ہو جاتے ہیں۔ وہ اس کثرت سے چائے پیتے ہیں کہ کبھی کبھی گمان ہوتا کہ کھانا برابر نہ کھاتے ہوں۔ ویسے کم خوراکی کے سبب وہ آج بھی اسی طرح جوان ہیں جیسے

پچیس تیس برس پہلے کبھی تھے۔ ماہ و سال کی کالی گھٹائیں ان کے سر سے چمٹتی نہیں بلکہ گزر جاتی ہیں۔ کوئی عجب نہیں کہ وہ آئندہ بیس برس تک اسی طرح جوان رہیں۔

عالم خوشی میں کبھی کبھی وہ یہ بھی بھول جاتے ہیں کہ کون سی بات کہاں کہنی ہے لا شعور میں پھنسے ہوئے سارے کوڑہ کرکٹ کو وہ مخاط کے منہ پر اس طرح دے مارتے ہیں جیسے مخاطب دوست نہ ہو محض ایک دشمن ہو۔ کتھارسس کی یہ قئے بھی عجیب شئے ہے۔ مگر گنہگاروں کی اس دنیا میں مغنی مجھے کبھی کبھی اس فرشتے کی طرح لگتے ہیں، جس کے پر اچانک کسی نے کاٹ لیے ہوں۔

میں نے مغنی جیسے یار باش آدمی ذرا کم ہی دیکھے ہیں۔ دوستوں کے آڑے وقت میں کام آنے کو وہ ایک عبادت سمجھتے ہیں اور اس عبادت میں خلل اسی وقت پڑتا ہے۔ جب ان کی جیب خالی ہو۔ ویسے شاہ خرچی کے معاملے میں وہ کچھ اتنے آگے نکل چکے ہیں کہ کبھی کبھی احساس ہوتا ہے۔ جیسے وہ دست غیب کا علم بھی جانتے ہوں۔

میرا خیال ہے مغنی کی یہی کچھ خامیاں ہیں اور ان خامیوں ہی کے بل بوتے پر ان کی شخصیت کی عمارت کھڑی ہے۔۔۔!

Mughni tabassum a prominent laureate. Essay: Awaz Sayeed

***

۳

اردو کی ہندوستانی بنیاد

گوپی چند نارنگ

اردو کا تعلق ہندوستان اور ہندوستان کی زبانوں سے بہت گہرا ہے۔

یہ زبان یہیں پیدا ہوئی اور یہیں پلی بڑھی۔ آریاؤں کی قدیم زبان سنسکرت یا انڈک چار پشتوں سے اس کی جد امجد قرار پاتی ہے۔ یوں تو ہندوستان میں زبانوں کے کئی خاندان ہیں لیکن ان میں سے دو خاندان خاص ہیں:

ایک دراوڑی اور دوسرا ہند آریائی۔

ہند آریائی خاندان کی زبانیں پورے شمالی ہندوستان میں پھیلی ہوئی ہیں۔ جنوب میں گجرات اور مہاراشٹر تک انہیں کا چلن ہے۔ مسیح کی پیدائش سے تقریباً ڈیڑھ ہزار سال پہلے جب آریا ہندوستان میں داخل ہوئے تو جو عوامی بولیاں وہ بولتے تھے، ان کے مجموعے کو انڈک کے نام سے پکارا جاتا ہے۔ چاروں وید انہیں عوامی بولیوں میں تخلیق کیے گئے تھے۔ بعد میں پانینی اور پاتنجلی کے زمانے تک انہیں بولیوں کے منزہ اور شستہ روپ کو "سنسکرت" کے نام سے پکارا جانے لگا۔ بودھوں اور جینیوں کے دور میں یہی بولیاں اپنے ارتقاء کی دوسری منزل میں داخل ہو گئیں اور "پراکرتیں" یعنی فطری بولیاں کہلائیں، اور آگے چل کر پانچویں صدی عیسوی کے لگ بھگ ان کی بگڑی ہوئی شکلیں جو "اپ بھر

نشیں" کہلاتی تھیں، استعمال میں آنے لگیں۔ یہ ہند آریائی کے ارتقاء کی تیسری منزل تھی۔ بعض پراکرتیں شروع سے رائج تھیں۔ اپ بھرنشوں میں سب سے زیادہ اثر والی مرکزی اپ بھرنش 'شورسینی اپ بھرنش' کہلاتی تھی۔ یہ اپ بھرنش پنجاب کے مشرقی حصوں سے لے کر اودھ کے مغربی حصوں تک رائج تھی اور اس کی کئی بولیاں تھیں۔

دسویں صدی عیسوی کے لگ بھگ یہ اور دوسری ہند آریائی بولیاں اپنے ارتقا کی چوتھی منزل میں داخل ہوئیں جسے جدید ہند آریائی زبانوں کا دور کہا جاتا ہے۔ یہی زمانہ مسلمانوں کے ہندوستان آنے کا بھی ہے، جب سیاسی نقشے کے ساتھ ساتھ ہندوستان کے تہذیبی اور لسانی نقشے میں بھی تیزی سے تبدیلیاں ہونے لگیں۔ ہندی، اردو اور پنجابی اسی شورسینی اپ بھرنش کی جانشیں ہیں۔ گریرسن کی تقسیم کے مطابق ہندی کی دو شاخیں ہیں: مشرقی ہندی اور مغربی ہندی۔

مشرقی ہندی میں اودھی، بگھیلی، چھتیس گڑھ، وغیرہ بولیاں شامل ہیں اور مغربی ہندی میں کھڑی، برج، ہریانی وغیرہ۔ جدید معیاری اردو اور جدید معیاری ہندی دونوں کا تعلق اسی مغربی ہندی سے ہے۔ اس لحاظ سے اردو اور ہندی کا رشتہ سگی بہنوں کا ہے اور ان دونوں کی بنیاد ایک ہے۔

اردو کے ارتقاء کی کہانی ہندی کے ارتقاء کے ساتھ جڑی ہوئی ہے۔ یہ داستان خاصی دلچسپ ہے کہ ان دونوں کا ارتقاء مغربی ہندی کی بولیوں کے ساتھ مل کر کیسے ہوا۔ اردو کی ساخت، ڈول اور کینڈے کا تعین دسویں، گیارہویں صدی سے سترھویں اٹھارویں صدی تک ہوتا رہا ہے۔ یہ وہ زمانہ تھا کہ ہندوؤں اور مسلمانوں کے اشتراک اور نئی تاریخی اور تہذیبی ضرورتوں کے تحت جو زبان پیدا ہو رہی تھی وہ کئی ناموں سے پکاری جاتی تھی۔ کبھی وہ ہندوی کہلاتی تھی، کبھی گجری، کبھی ریختہ، کبھی اردو، کبھی ہندی اور

کبھی دکنی۔

شاہ جہاں کے زمانے کے بعد قلعۂ معلی کی رعایت سے اسے زبان اردوئے معلی بھی کہا جانے لگا۔ عام زبان 'ہندوستانی' کے نام سے جانی جاتی تھی۔ بازاروں میں جہاں لین دین ہوتا تھا اور جہاں تجارت کی مجبوریوں سے ایک ملی جلی زبان بولنی پڑتی تھی وہاں تو اس نوزائیدہ زبان کا استعمال ہوتا ہی تھا، اس کے علاوہ یہ سنتوں اور صوفیوں کی زبان بھی بن گئی تھی۔ عوام کے دلوں تک پہنچنے کے لیے نہ تو سنسکرت کا استعمال کیا جاسکتا تھا، نہ فارسی کا بلکہ کسی ایسی زبان کی ضرورت تھی جو عام فہم ہو اور جو سب کی سمجھ میں آسکے۔ اور یہ منصب اسی گری پڑی ملی جلی ریختہ زبان کو نصیب ہوا۔

ہندی والے اس کی ابتدا برج کے آغاز سے کرتے ہیں اور اردو والے پنجابی اور کھڑی ہے۔ اس کی وجہ یہ ہے کہ عہد وسطی میں ہندو تہذیبی روایتوں کا لسانی وسیلۂ اظہار برج تھی ، اور ہندو اور مسلمانوں کے پہلے ہمہ گیر تہذیبی اور لسانی سابقے کی سرزمین پنجاب تھی۔ برج تو شورسینی کی سچی جانشین تھی ہی اور اس کا ارتقاء تو ہونا ہی تھا، عین ممکن ہے کہ وہ بولی جو آگے چل کر 'کھڑی' کہلائی، بڑی حد تک ہندوؤں اور مسلمانوں کے لسانی اور تہذیبی اشتراک سے اپنی نشو و نما میں براہ راست طور پر متاثر ہوئی ہو۔ وہ یوں کہ پرانی ہندوی بولی کے نمونوں کا ذکر بارھویں اور تیرھویں صدی سے ملنے لگتا ہے۔ قیاس کہتا ہے کہ یہ نوزائیدہ زبان ایک طرف تو پرانی پنجابی سے مختلف ہو گی، دوسری طرف برج سے۔ افسوس کہ مسعود سعد سلمان کا، جو محمود غزنوی کے زمانے میں لاہور کے شاعر تھے، ہندوی کلام دستیاب نہیں۔

محمد عوفی نے اپنے تذکرہ 'لباب الالباب' میں تصدیق کی ہے کہ مسعود نے ہندوی

میں شعر کہے تھے۔ اگر اس زبان کی ابتدا گیارھویں اور بارہویں صدی میں غزنویوں کے زمانے میں تسلیم نہ بھی کی جائے تب بھی اس بات سے کسی کو انکار نہیں ہو سکتا کہ امیر خسرو کے زمانے تک یہ زبان ایک خاص حد تک ترقی کر چکی تھی۔ امیر خسرو نے اپنے تیسرے فارسی دیوان میں ہندوی میں شعر کہنے کا فخریہ اعتراف کیا ہے۔ لطف کی بات ہے کہ امیر خسرو کو اردو اور ہندی والے دونوں اپنا پہلا شاعر تسلیم کرتے ہیں۔

امیر خسرو کا انتقال ۱۳۲۵ء میں ہوا۔ یہ بات بھی غور طلب ہے کہ پہلے خلجیوں کی فوجوں نے دکن پر حملہ کیا تھا، اور اس کے بعد جب محمد تغلق نے پایۂ تخت دیوگیر (دولت آباد) منتقل کیا تو یہی زبان وہاں جا کر گجری اور دکنی کے نام سے موسوم ہوئی اور نہایت تیزی سے ادبی زبان کا درجہ حاصل کر گئی۔

شمالی ہندوستان میں ابھی فارسی کا اثر تھا، اس لیے شمال کے مقابلے میں دکن میں اس پر توجہ زیادہ تھی۔ مگر شمال میں بھی عوامی تحریکوں اور صوفیوں اور سنتوں نے اس کی مقبولیت کو کہاں سے کہاں پہنچا دیا۔ اگرچہ کرشن بھگتی تحریک اور اکبر کے آگرہ کو راجدھانی بنانے سے برج کا ستارہ پھر سے چمک اٹھا لیکن شاہجہاں نے جب دہلی کو دوبارہ بسایا تو کھڑی بولی اس وقت تک اپنے آپ کو پہچان چکی تھی اور دہلی کی سیاسی اور تہذیبی مرکزیت کی وجہ سے اس کا اثر نئی ریختہ زبان پر غالب آنے لگا، اور دیکھتے ہی دیکھتے اردو، زبانِ اردوئے معلی کے منصب پر فائز ہو گئی، اور اورنگ زیب کے بعد سے تو اس میں جیسے شعر و شاعری کی شاہراہ کھل گئی، اور زبردست ادبی سرگرمی شروع ہو گئی۔

یہ وہ زمانہ تھا جب ہندی ادب ابھی برج، اودھی اور راجستھانی بولیوں کا رہین منت تھا۔ یہ سب بولیاں بھی ہندی کہلاتی تھیں، اور اردو کو بھی ہندی کہنے میں کوئی قباحت

محسوس نہیں کی جاتی تھی۔ دراصل اس وقت تک اردو اور ہندی دو زبانیں تھیں ہی نہیں ورنہ فضل علی فضلی اپنی 'کربل کتھا' کی زبان کو 'نثرِ ہندی' کیوں کہتے ؟ یا محمد حسین خاں عطا حسین 'نوطرزِ مرصع' کے سبب تالیف میں "عبارت رنگین بہ زبان ہندی" لکھنے پر فخر محسوس کیوں کرتے ؟ یا غالب اپنی اردو نثر کے لیے لفظ "ہندی" استعمال کیوں کرتے ؟

فورٹ ولیم کالج میں اردو اور ہندی میں الگ الگ درسی کتابیں لکھوائی گئیں۔ یہاں چند ہندی منشیوں کو خاص اس خدمت پر مامور کیا گیا کہ وہ اس زمانے کی ضرورت کے پیشِ نظر ہندی نثر کی کتابیں تیار کریں۔ اس کے بعد کے برطانوی تسلط، سامراجی حکمت عملی، سیاسی دباؤ اور باہمی شک وشبہ نے ایک پیڑ کی دو شاخوں کو الگ الگ کر کے رکھ دیا اور ایک بڑے تنے سے دو درخت الگ الگ بنتے چلے گئے۔

لیکن اس کا یہ مطلب نہیں کہ ہندی اور اردو کے الگ الگ ادبی زبان بن جانے سے ان دونوں کا لسانی رشتہ ختم ہو گیا۔ دونوں کی ادبی روایتیں، ادبی معیار، ادبی موضوعات اور ادبی تاریخ کتنی ہی الگ الگ کیوں نہ سہی، دونوں کا لسانی ڈھانچہ اب بھی ایک ہے۔ اول تو دونوں کی تقریباً چالیس آوازوں میں صرف پانچ چھ کو چھوڑ کر باقی سب کی سب ایک ہیں۔

ہند آریائی زبانوں کی سب سے بڑی پہچان ہکار آوازوں ۔۔۔ بھ، پھ، تھ، دھ، چھ، جھ، کھ، گھ، کا پورا سیٹ ہے جو اردو میں پورا کا پورا موجود ہے۔ اس کے علاوہ معکوسی آوازیں ٹ، ڈ، ڑ، اور ٹھ، ڈھ، ڑھ، بھی اردو میں جوں کی توں موجود ہیں۔ یہ آوازیں نہ عربی میں ہیں نہ فارسی میں۔ صرف و نحو کا معاملہ یہ ہے کہ اسمائے صفت تو اردو نے بڑی تعداد میں عربی فارسی سے لیے لیکن اردو فعل کا سرمایہ سارا کا سارا دیسی ہے۔ اٹھنا، بیٹھنا، کھانا، پینا، سونا، آنا، جانا۔۔۔ سینکڑوں ہزاروں فعل جو زبان کی ریڑھ کی ہڈی ہیں کلیتاً ہند

آریائی ہیں۔

یہی معاملہ مرکب افعال، مثلاً آ جاتا، گر پڑنا، مار ڈالنا، ٹوٹ جانا، سن لینا، دے دینا وغیرہ کا ہے۔ یہ جیسے ہندی میں ہیں ویسے ہی اردو میں۔

یہی حال فعل سے بننے والے محاوروں کا ہے۔ مثلاً: آنکھیں بچھانا، آنکھیں بھر آنا، آنکھیں ٹھنڈی ہونا، آنکھیں روشن ہونا، وغیرہ یا پھر محاورے ہیں جو دونوں زبانوں کے مختلف سرمائے کا بیش قیمت حصہ ہیں۔ مثلاً: جیسا دیس ویسا بھیس، گھر کی مرغی دال برابر، ڈوبتے کو تنکے کا سہارا، بچہ بغل میں ڈھنڈھورا شہر میں، مفت کی شراب قاضی کو بھی حلال، گھر کا بھیدی لنکا ڈھائے۔

اور تو اور ہندی اور اردو کی بنیادی لفظیات ایک ہیں۔ مصدر ایک ہے۔ امدادی افعال ایک ہیں۔ حروف جار میں، سے، پر، تک، کا، کے، کی، کو، سب ایک ہیں۔ اسی طرح ضمیریں ایک ہیں۔ سوالیہ مادے ایک ہیں۔ بنیادی اور توصیفی اعداد ایک ہیں۔ گنتی ایک ہے۔ جسم کے اعضا کے نام ایک ہیں اور تو اور رشتہ داریاں ایک ہیں اور گالیاں ایک ہیں۔

یہ واقعہ ہے کہ اردو ہندوستان کی انتہائی ترقی یافتہ زبانوں میں سے ہے۔ اگر ایک طرف اس کا دامن سامی اور ایرانی زبانوں سے بندھا ہوا ہے تو دوسری طرف اس کی بنیاد آریائی ہے۔ اس کا رسم الخط ہندوستان اور پاکستان کے علاوہ مشرق وسطیٰ کے بیسیوں ملکوں میں قدرے اختلاف کے ساتھ استعمال ہوتا ہے۔ اردو کے تقریباً ساٹھ ہزار الفاظ میں سے دو تہائی الفاظ یعنی چالیس ہزار الفاظ سنسکرت اور پراکرتوں کے ماخذ سے آئے ہیں۔

جس زبان کی جڑیں اپنے ملک کے لسانی ذخیرے اور اس کی تہذیبی سرزمین میں اتنی گہری ہوں، جس کا دامن اتنا وسیع ہو، جس کے لہجے میں ایک خاص کشش اور کھنک

ہو، جس کے انداز میں ایک خاص شستگی اور شائستگی ہو، جس کی قومی خدمات خاصی وقیع ہوں اور جس کا ادبی سرمایہ بشمول میر، نظیر، غالب، انیس، اقبال، فراق، فیض اتنا شاندار ہو، وہ زبان کبھی مٹ نہیں سکتی۔

اس زبان پر ہندوستان کا ایسا حق ہے جو کبھی ٹھکرایا نہیں جا سکتا۔ اور اردو کا بھی ہندوستان پر ایسا حق ہے جو ضرور وصول ہونا چاہیے۔

ماخوذ از کتاب: گھر جو تقسیم ہو گیا، مصنف: شیخ سلیم احمد (سن اشاعت: ۲۰۰۷)

The foundation of Urdu in India. Essay: Gopichand Narang.

***

۴

اردو ڈراما اور ہمارا سماج

سید حامد

آج کثرت میں وحدت والا ہمارا ملک ہندوستان اپنی ہزاروں سال کی شاندار تاریخ کے انتہائی تاریک دور سے گذر رہا ہے۔ اسے مختلف میدانوں میں کئی ایک چیلنجز کا سامنا ہے۔ سیاسی، سماجی، معاشی، معاشرتی، اقتصادی، سائینسی، ادبی و ثقافتی مسائل و کشاکش سے ملک دوچار ہے۔ سماج میں پیدا شدہ مسائل کا گہرائی و گیرائی اور شعور کی پختگی سے جائزہ لیتے ہوئے موجودہ ڈراما نگاروں کو چاہئے کہ وہ انہیں اپنے ڈراموں میں اس طرح پیش کریں کہ لوگ ان مسائل کے بارے میں نہ صرف غور کریں بلکہ ان کا حل ڈھونڈ نکالنے پر مجبور ہوجائیں تاکہ معاشرے کی اخلاق گراوٹ سے حفاظت ممکن ہوسکے۔ جہاں تکاردو ڈرامے کی بات ہے تو اس کی سب سے بڑی بدقسمتی یہ ہے کہ اس میں اسٹیج کی روایت پوری طرح پنپ نہیں سکی۔ گو اردو میں ڈرامے کی ابتداء معدودے چند زبانوں کو چھوڑ کر باقی تمام ہندوستانی زبانوں میں سب سے پہلے ہوئی۔ اور اسے ہندوستان بھر میں مقبولیت کا شرف ایک مدت تک حاصل رہا۔ مگر اس کا انحطاط بھی مکمل ہوا۔ جس وقت اردو ڈرامے اسٹیج پر تہلکہ مچارہے تھے اس وقت ہمارے ادیب اور نقاد ڈرامے کو ادبی صنف تو کیا فن شریف تک قرار دیتے ہوئے ہچکچاتے تھے۔ لیکن جب اردو اسٹیج کا زوال

مکمل ہو گیا اور ڈرامے کا رشتہ عوامی زندگی سے بہت کچھ ٹوٹ گیا تب سنجیدہ ادبی حلقوں میں ڈرامے کی اہمیت کا تھوڑا بہت اعتراف کیا جانے لگا۔ یوں تو اردو ڈراما ابتدا ہی سے تعصبیت کا شکار رہا۔ اس کے بارے میں تو یہاں تک کہہ دیا گیا کہ

نہ تو یہ شرفا کا فن ہے اور نہ اس کی کوئی ادبی اور فنی حیثیت ہے۔"[۱]

ان تمام تنقیدوں کے باجود اردو ڈرامے کی حیثیت اپنی جگہ مسلم ہے۔ روز اول سے آج تک اس نے کئی نشیب و فراز کا سامنا کیا ہے۔ آج کے اس جدید ٹیکنالوجی کے دور میں سینما، ریڈیو اور ٹیلی ویژن کے علاوہ سماج کی اصلاح کا بہترین ذریعہ اردو ڈراما ہی قرار دیا جاسکتا ہے۔ جس سے ابھی بہت کچھ کام لیا جانا باقی ہے۔ ماقبل آزادی اور مابعد آزادی ڈرامے نے اپنا کام بخوبی نبھایا ہے۔ جب کہ دور حاضر میں بھی اس کی اہمیت وافادیت سے انکار نہیں کیا جاسکتا ہے۔ ہمارے تعلیمی نظام میں خلل انداز ہونے والی رکاوٹوں کو ڈرامے کے ذریعے پیش کرتے ہوئے تعلیم کی اہمیت و افادیت پر مفصل انداز میں روشنی ڈالی جا سکتی ہے۔ اور لوگوں کو تعلیم کی جانب راغب کیا جاسکتا ہے۔ تاکہ ہمارا معاشرہ خواندہ ہو۔ اور ترقی کی سمت تیزی سے پیشرفت ہو۔ اتنا ہی نہیں بلکہ تعلیمی نظام کو درپیش مسائل اور مغربی تہذیب کے فوائد و نقصانات، مخلوط تعلیمی نظام کی خوبیوں اور خامیوں کی جانب عوام کے ہمراہ دانشوروں اور ماہرین تعلیم کی توجہ مرکوز کروائی جاسکتی ہے۔ ڈراما کے وجود اور اس کی گوناگوں خوبیوں کے بارے میں محمد اسلم قریشی کے اس بیان سے روشنی پڑتی ہے کہ

"عمیق غور و فکر کے بعد ایسے واقعات و حالات پیدا کرنا ڈرامے کا لازمہ ہے جو اپنے عجیب و غیر متوقع ہونے کی بنا پر متحیر و متعجب کرسکیں۔ اسے کے بغیر ڈرامے کا وجود قرار نہیں دیا جاسکتا۔[۲]

مشرقی ممالک خصوصاً ہندوستانی معاشرے کو درپیش مسائل میں سب سے اہم آزادی نسواں اور خواتین کی مساوات کا ہے۔ دور جدید میں عورتوں پر ہونے والے مظالم کو منظر عام پر لانے کے لئے ڈرامے سے بہتر شائد ہی کوئی صنف ہو۔ آبادی میں بے تحاشہ اضافہ اور بے روزگاری کے مسائل، بڑھتی ہوئی مہنگائی، رشوت کے بجائے انہیں منظر عام پر لانے اور خاطیوں کو کیفر کردار تک پہونچانے، سماج میں احتیاطی تدابیر اور شعور بیداری پیدا کرنے کے لئے اردو ڈرامے کا سہارا لیا جا سکتا ہے۔ اس خصوص میں نکڑ ناٹک کا کامیابی سے استعمال کیا جا سکتا ہے۔ ڈراما پیش کرنے والا ایک گلی، نکڑ یا کسی چوراہے پر کثیر تعداد میں جمع ہونے والے افراد کے سامنے ایام گذشتہ کے حالات، حادثات، سانحات اور واقعات کو پیش کرتے ہوئے ان مسائل کا حل طلب کر سکتا ہے۔ عالمی حدت اور آفات سماوی جیسے مسائل کو بھی جدید ٹیکنالوجی کی مدد کے ذریعے اسٹیج پر پیش کیا جا سکتا ہے۔ دور جدید کی سائینسی ایجادات اور ٹیکنالوجی کے مثبت استعمال کی جانب توجہ مبذول کروانے میں بھی ڈرامے سے تعمیری کام لیا جا سکتا ہے۔ گو کہ زندگی کے ہر شعبہ کی کار کردگی کو پیش کرنے کے لئے اردو ڈراما ایک بہترین ذریعہ ہے۔ ساتھ ہی غلط عادتوں اور بے راہ روی کے شکار نوجوانوں اور سماج کی فلاح و بہبود کے ضمن میں اس سے کام لیا جا سکتا ہے۔ جذبہ حب الوطنی، آزادی کی اہمیت اور اشتراکیت کو موضوع بنا کر ڈرامے لکھے گئے۔ اور لکھتے جاتے رہے اور رہیں گے۔ اس کے علاوہ کاروبار کرنے والوں کو بھی ڈراموں میں ہدف تنقید کا نشانہ بنایا گیا۔ اردو کے ڈراما نگار ہمیشہ اصلاحی کاموں میں پیش پیش رہے۔ ساتھ ہی نت نئے مکتب فکر کو اپنے ڈراموں میں جگہ دی۔

"ابراہیم یوسف نے اردو ڈرامے میں عوامی عناصر کے ایک اور پہلو یعنی عوامی دلچسپیوں عوامی مشاغل عوامی عقائد اور اوہام پرستی کے اثرات پر بھی روشنی ڈالی ہے۔"

۳؎

اردو ڈرامے کو صرف پڑھنے تک محدود نہ رکھتے ہوئے اسے اسکولوں، کالجوں اور یونیورسٹیوں کے علاوہ علاقائی سطح پر ڈراما سوسائٹی قائم کرتے ہوئے اردو کے طویل اور مختصر ڈراموں کو سلسلہ وار پابندی کے ساتھ اسٹیج کرنا چاہئے۔ اور ڈرامے کے ذریعے جہاں تک ہو سکے سماج کی حالت بہتر بنانے کی سعی و جد وجہد کرنی چاہئے۔ کیونکہ اسی میں بنی نوع انسان کی کامیابی مضمر ہے۔

عرصہ دراز سے معاشرتی و سماجی موضوعات کو محور بنا کر ڈرامے لکھے جاتے رہے ہیں۔ جن میں اصلاحی پہلو کو بہ طور ہتھیار استعمال کیا گیا ہے۔ ان بزرگ ڈراما نگاروں میں سے ایک پروفیسر محمد مجیب بھی گذرے ہیں۔ جنہوں نے کئی کامیاب ڈرامے لکھے۔ ان کے ڈرامے اردو ادب میں گوہر آبدار کی حیثیت رکھتے ہیں۔ "آزمائش" اور "حبہ خاتون" جیسے مشہور ڈراموں کا تذکرہ اس ضمن میں کیا جا سکتا ہے۔ پروفیسر محمد مجیب سماجی طور پر اہم مسائل پر قلم اٹھاتے ہیں۔ ان کے ڈراموں میں ہر قسم کے موضوعات ملتے ہیں۔ تقسیم ہند کے بعد اردو میں بہت کم ڈرامے لکھنے کا رواج رہا۔ اپندر ناتھ اشک نے اپنے ڈراموں میں انسانی نفسیات کے نازک اور لطیف ترین نکات کو پیش کیا۔ اس کے علاوہ جدید ایجادات کو بھی انہوں نے اپنے ڈراموں میں پیش کیا۔ جس کی مثال ان کا شاندار ڈراما "ٹرنک کال" ہے۔ ان کے علاوہ کرشن چندر اور عصمت چغتائی نے بھی کامیاب معاشرتی ڈرامے لکھے۔ جس میں سماج کے متوسط طبقے کی تصویر کشی کی گئی ہے۔ فنی پختگی اور فکری معنویں ہو دونوں اعتبار سے کامیاب سماجی ڈراما نگاروں میں بیدی کا بھی شمار کیا جا سکتا ہے۔ کرتار سنگھ دگل کے ڈراموں میں "شور اور سنگیت" کے علاوہ ڈراما "میٹھا پانی" کو سماجی ڈراموں کی فہرست میں شامل کیا جا سکتا ہے۔ جن میں مختلف سماجی اور نفسیاتی مسائل

کو فنکارانہ سلیقے سے پیش کیا گیا ہے۔ انہوں نے اپنے ڈراموں میں چھوٹے چھوٹے مکالموں سے بہت بڑا کام لیا ہے۔ محمد حسن کے ذکر کے بغیر میری بات ادھوری رہ جائے گی۔ کیونکہ انہوں نے بھی کئی سماجی ڈرامے لکھے۔ جن میں "موم کے بت، محل سرا، اور ضحاک قابل ذکر ہیں۔ مذکورہ ڈراموں میں مختلف سماجی مسائل کی طرف اشارے کئے گئے ہیں۔ ڈراما نگار محمد حسن نے ہمیشہ یہی کوشش کی ہے کہ ڈرامے میں ان تمام باتوں کو بیان کیا جائے جو جدید ذہن کو متاثر کر رہی ہیں۔ ڈراما نگار ابراہیم یوسف نے بھی کئی ایسے ڈرامے لکھے جو کافی اہمیت کے حامل ہیں۔ اور جن سے سماجی اصلاح کا کام لیا جا سکتا ہے۔ ان میں "کاغذ کی دھجی، وقت کے کراہتے رنگ، آخری فیصلہ اور "کراس کا تحفہ" نمایاں ہیں۔ اردو ڈراما کی تاریخ میں انل ٹھکر کا نام بھی کافی اہمیت کا حامل ہے۔ یوں تو ان کا ہر ڈرامہ ایک درس دیتا ہے۔ لیکن کے ڈرامے اکھڑے لوگ اور خالی خانے موجودہ سماج کے لئے مشعل راہ تصور کئے جاسکتے ہیں۔ آج ہمارے ڈرامے اور ڈرامہ نگار اردو بولنے والوں کی خاطر خواہ رہنمائی کرنے سے قاصر ہیں۔ اور اردو داں طبقہ کے مسائل جوں کہ توں ہیں۔ اس لئے ڈراما نگاروں کو چاہئے کہ وہ اپنے ڈراموں کے ذریعے مثبت تبدیلی لاتے ہوئے اردو داں طبقہ کے سماجی مسائل کو پیش کریں۔ اس سلسلے میں اردو ڈراما اور تھیٹر کی کارکردگی کے بارے میں عزیز قریشی کا خیال ہے کہ

"اردو تھیٹر کے تعلق سے جو بات توجہ طلب ہے وہ ہے مسائل کی پیشکشی سے غفلت اور کرداروں کے ڈیولپمنٹ کی کمی۔ اصل میں اردو تھیٹر وہی ہو گا جو اردو بولنے والوں کے مسائل کو پیش کرے گا۔"[۱۴]

عام طور پر سماج میں یہ تاثر پایا جاتا ہے کہ ریڈیو سینما اور ٹیلی ویژن نے اردو ڈراما کا وقار کم کر دیا ہے جس کی وجہ سے آج ڈراما معدودیت کا شکار ہو گیا ہے۔ لیکن ایسا نہیں

ہے جدیدی ٹیکنالوجی کو بروئے کار لاتے ہوئے اردو ڈراما کو فروغ دیا جاسکتا ہے۔ اور سماج کی اصلاح کا بھی کام لیا جاسکتا ہے۔ ڈراما اور ٹیلی ویژن پر پیش کردہ سیریلوں میں زندگی سے جڑی عام باتیں اور مسائل کو موضوع بنایا جاتا ہے۔ اور ان سیریلوں کے مشہور کرداروں میں عام انسان خود کو تلاش کرنے کی کوشش کرتا ہے۔ جو زندگی سے قریب ترین ہوں۔ اکثر دیکھنے والے کردار کے تاثر کو نہ صرف قبول کرتے ہیں بلکہ یہی کردار ان پر غالب آجاتے ہیں۔ اس لئے ضروری ہے کہ فحاشی اور عریانی کے بجائے ادب اور اخلاق اور معیار کی طرف زیادہ توجہ دی جائے۔ جیسا کہ ہم بخوبی جانتے ہیں کہ جدید ذرائع ابلاغ میں ٹیلی ویژن کی اہمیت مستند ہے۔ اور اس کے پیش کردہ سیریلس و پروگراموں کو خاص اہمیت حاصل ہے۔ اور اب صرف شہروں اور دیہاتوں میں ہی نہیں بلکہ دور دراز کے دیہی علاقوں میں بھی ٹی وی چیانلس سے استفادہ کا رویہ عام ہو چکا ہے۔ اور یہ گھروں کے ایک حصہ بن چکے ہیں۔ اردو ڈراما بھی اس میڈیم کے سہارے عام لوگوں تک با آسانی رسائی حاصل کر سکتا ہے۔ اور اپنی اہمیت منوا سکتا ہے۔

موجودہ دور میں اردو اسٹیج کی تشکیل ممکن ہے۔ اور اس کے لئے بہت سے معاون عناصر اس وقت موجود ہیں۔ یہ ایک حقیقت ہے کہ اردو بولنے والوں کی ایک بڑی تعداد سارے ہندوستان میں بکھری ہوئی ہے۔ یہ بھی صحیح ہے کہ اردو میں ڈرامے کی روایت سو سال سے بھی زیادہ پرانی ہے اور اردو ڈراما داد و تحسین کافی عرصہ تک وصول کرتا رہا۔ اس کے علاوہ اردو روزمرہ کی زبان سے بہت قریب ہے۔ اس لئے اردو ڈرامے کی کامیابی کے امکانات زیادہ نظر آتے ہیں۔ فلم اور ڈرامے کی نوعیت اور غزلوں کی مقبولیت بھی اس کا ایک ثبوت ہے۔ ان تمام باتوں کے پیش نظر اردا اسٹیج کی ترقی کے لئے اس سے مناسب وقت شائد ہی کوئی اور ہو۔ ڈرامے کو صرف مشغلہ تفریح کے بجائے سنجیدہ ذریعہ اظہار

بنانا چاہئے۔ جو مزاج کی چاشنی سے لبریز ہو ساتھ ہی ڈراما فکر کی گہرائی سے بھی پر ہونا چاہئے۔ اور اس میں حقیقی تجربات اور جذبات کا عکس موجود ہونا چاہئے۔ ڈرامے میں کردار نگاری کی اعلیٰ مثالیں اور سماجی زندگی کے نمائندہ پہلوؤں کی ترجمانی ہونی چاہئے۔ تاکہ اردو ڈرامے کو زندہ صنف ادب بنایا جاسکے۔

حواشی

ا۔ اردو ڈرامے کا تنقیدی جائزہ ڈاکٹر محمد تاتار خان۔ حیدر آباد۔
۲۔ ڈرامے کا تاریخی و تنقیدی پس منظر، محمد اسلم قریشی لاہور
۳۔ عوامی روایات اور اردو ڈرامہ ڈاکٹر محمد شاہد حسین دہلی۔
۴۔ اردو تھیٹر کل اور آج مرتبین مخمور سعیدی اور انیس اعظمی۔ دہلی

Urdu Drama and our society. Essay: Syed Hamid.

***

۵

اردو ناول کے ملیالم ترجمے

ڈاکٹر نکولن کے۔وی۔

ترجمے کے مسائل اور اردو ناول کے ملیالم ترجمے (۱۹۴۷ کے بعد)

زبان جتنی پرانی ہے ترجمہ بھی اتنا ہی پرانا ہے۔ انسان ابتدائی زمانے سے بشکل قبائل زندگی گذارتے آئے ہیں۔ الگ الگ قبیلے میں الگ الگ زبانیں تشکیل پائی ہیں۔ حالانکہ علحیدہ زبانوں کے درمیان مختلف مماثلتیں دکھائی دیتی ہیں۔ تاہم ہر ایک زبان اپنا ایک خاص شخصیت رکھتی ہے۔ اس انسانی تشخص کی تشکیل میں زبان کے بولنے والے لوگوں کے خیالات، احساسات رجحانات، تخیلات سے نہیں بلکہ اس زبان کے بولنے والے علاقے کی جغرافیائی اور ماحولیاتی خصوصیات بھی شامل رہیں ہے۔ الغرض زبان ایک قوم کی ثقافتی نمائندگی کرتی ہوئی دکھائی دیتی ہے۔ زبان ثقافت کی حاصل ہونے کی وجہ سے ایک زبان سے دوسری میں منتقل کے دوران بہت سے باریک ثقافتی مسائل مترجم کی راہ میں کئی طرح کی رکاوٹیں کھڑی کر دیتے ہیں۔ اس لیے ترجمہ ایک بہت صبر آزما کام ہے۔ ترجمے میں مترجم کو خیالات کی ترسیل کے ساتھ ساتھ بیان کی ندرت ونزاکت کا خیال بھی رکھنا پڑتا ہے۔ ترجمہ اگر تخلیقی کتاب کا ہے تو اسلوب بیان کا بھی خیال رکھنا پڑتا ہے۔ اگر یہ بیان رنگینی ہو تو ترجمے کا یہ عمل زیادہ مشکل ہو جاتا ہے۔

ترجمہ دراصل مصدری زبان (Source Language) میں موجودہ خیالات و تاثرات کو کسی طرح کمی بیشی کے بغیر ہدفی زبان (Target Language) کے مزاج سے ہم آہنگ کرتے ہوئے اُجاگر کرنے کا نام ہے۔ اس عمل میں ایک مترجم کے لیے مصدری اور ہدفی دونوں زبانوں پر دسترس ہونا بہت ضروری ہے۔ ترجمہ لفظی بھی ہو سکتا ہے اور آزاد بھی مگر دونوں صورتوں میں مترجم کے لیے یہ ضروری ہے کہ دونوں میں کافی عبور حاصل ہو۔

اگر ترجمے کا یہ عمل نہ ہو تو علم اور کلچر ایک خاص علاقے تک محدود ہو کر رہ جاتے۔ حتیٰ کہ دنیا کے بڑے بڑے مذاہب بھی محدود علاقے تک سکڑ کر رہ جاتے۔ بائبل (Bible) اور قرآن مجید کا ترجمہ آج سیکڑوں زبانوں میں دستیاب ہیں۔ اس کے علاوہ دیگر علمی و ادبی کتابیں بھی ترجمہ ہو کر کونے کونے تک پہنچ گئی ہیں۔ ازمنہ وسطیٰ میں عربی زبان ایک علمی زبان بن گئی۔ اس کی ایک خاص وجہ یہ ہے کہ عباسیہ حکومت کے زمانے میں دنیا بھر کی علمی کتابیں سرکاری سطح پر عربی زبان میں منتقل کر دی گئیں۔ تراجم اور نقول ہر زبان کی نشو و نما میں ممد و معاون ثابت ہوئے ہیں۔ سنسکرت میں موجودہ بہت ساری کتابیں و علوم آج نہ صرف ہندوستانی زبانوں کے بلکہ غیر ہندوستانی زبانوں کے بھی جزو لاانفک ہیں۔ اچھی اور قابلِ قبول چیزوں کو قبول کرنے کا مادہ انسانی فطرت میں وسعت ہے۔ یہی چیزیں ترجمے کے عمل کے محرک ثابت ہوئی ہے۔

اردو زبان کی نشو نما بھی بے شمار تراجم کی مرہون منت ہے۔ اس میں دکنی ادب کی بے شمار تحریرات اور فورٹ ولیم کالج، قدیم دلّی کالج وغیرہ اداروں کے کاوشوں سے لیکر عہد حاضر تک مختلف تراجم اور نقول جن میں ناول، افسانے، ڈرامے، نظمیں، غزلیں اور

مذہبی تحریریں جیسی ادبی تخلیقات اور علمی نگارشات بھی شامل ہیں۔ نثری صنف نت نئے خیالات اور ہیئت سے دوچار ہوتی رہی ہے۔

اب میں اس موضوع سے انحراف کرتے ہوئے اردو ناول کے ۱۹۶۰ء کے بعد کے ملیالم ترجمے کی طرف آتا ہوں۔ جہاں تک تراجم کا تعلق ہے، اردو ناول بھی اس معاملے میں دوسری زبانوں کے ناولوں سے بہت آگے ہیں۔ ہندی تخلیقات کے علی الرّغم ناول کا ترجمہ ہندی سے زیادہ اردو سے ملیالم میں ہوا ہے اور اب بھی یہ سلسلہ جاری ہے۔ بات یہ ہے کہ یہ سب تراجم سرکاری پالیسی کے پیشِ نظر بلکہ ان تخلیقات کی ادبی قدر و قیمت کے پیشِ نظر ہوئے ہیں۔ ترجمے میں کامیابی کا راز اس بات میں پوشیدہ ہے کہ مصدری زبان(Source Language) کا ہدفی زبان(Target Language) میں مناسب طریقے سے انتقال ہو۔ بالفاظِ دیگر ہم کہہ سکتے ہیں کہ ترجمہ دو تہذیبوں یا ثقافتوں کا باہمی تبادلہ ہے۔ کیا عجب ہے تراجم کے اس صبر آزما میدان میں بھی اردو کی استادی کا لوہا مانا گیا ہے۔

مشہور ادباء پریم چند اور کرشن چندر کے بیشتر اہم ترین ناولوں کے تراجم زیورِ طبع سے آراستہ ہو کر ملیالم میں جگہ پا چکے ہیں۔ پریم چند بیشتر ناولوں کا ملیالم ترجمہ بشمول گؤدان، میدانِ عمل اور نرملا ۱۹۶۰ء کے بعد منظرِ عام پر آیا ہے۔ امراؤ جان ادا کا ترجمہ کتابی شکل میں پہلے ہی آچکا ہے۔ حال میں اس کا دوسرا ترجمہ ملیالم ہفتہ وار 'چندرکا' (Chandrika) میں قسطوار شائع ہوا ہے۔ کرشن چندر کے بیشتر ناولوں کا ترجمہ ۱۹۸۰ء کے بعد عمل میں آیا ان میں "جب کھیت جاگے"، "یادوں کے چنار" کا ترجمہ ماتر بھومی بکس کے وسیلے سے ۲۰۰۴ء میں ہوا۔ "ایک عورت ہزار دیوانے" کا ترجمہ Current Books کے ذریعہ منظر عام پر آیا۔ اسی دوران راجندر سنگھ بیدی کا مشہور ناول "ایک

چادر میلی سی" اور جیلانی بانوں کا ناول "بارشِ سنگ" کا ترجمہ ہوا۔ قرۃ العین حیدر کا مشہور ناول "آگ کا دریا" ۱۹۹۱ء میں ملیالم میں ہوا۔ اس کے علاوہ بھی مختلف اردو ناول دقتاً فوقتاً ملیالم زبان میں منتقل ہو کر منظرِ عام پر آئے۔ یہ سلسلہ اب بھی جاری ہے۔ ملیالم کے مقتدر ناشریں ماترھومی بکس ((Poorna ،Mathrubhoomi Books I.P.H،Publications, اور Current Books اس میدان میں پیش پیش ہیں۔

مگر ترجمے کے اس عمل میں زبان کی ثقافتی باریکی کی بناء پر بہت ساری غلطیاں ہوئی ہیں۔ مثال کے طور پر ملیالم قلم کار ویکم محمد بشیر کے ناول "میرے دادا کا ہاتھی" کے ہر سطر میں ثقافتی عناصر کا بڑا دخل ہے۔ اس کا عنوان ہی غلط رکھا گیا ہے۔ ملیالم ناول کے اندر جو طنزیہ پہلو ہے، اس کی اس کی وضاحت کے لیے بقول ڈاکٹر حسو اردو میں کوئی لفظ نہیں ہے۔ تاہم اس کے اندر پنہاں استہزائیہ پہلو کو ابھارنے اور اجاگر کرنے کے لیے اس طرح کے عنوان دیکھے جاسکتے ہیں۔ "پدرم سلطان بود"، "ابے میرے دادا کے بھی بھلا ایک ہاتھی ہوتا ہے۔ تھا!" ایسے عنوانات کے ٹانکے جانے پر بھی پورا مفہوم واضح ہونے نہ پاتا۔ حسّو صاحب مزید فرماتے ہیں کہ امراؤ جان ادا کو "رنڈی کی کہانی" کا عنوان دیکر طوائف کی ناموس و حرمت کو خاک میں ملا دیا ہے۔ The Story of a Protittute کی جگہ The Story of The Courtezan عنوان رکھا جاسکتا تھا۔

زبان انسان کی شناخت اور پہچان ہے۔ کوئی بھی زبان ہو، اس کی اپنی اہمیت انفرادیت ہے۔ چاہے اس کے بولنے والے علاقائی سطح پہ ہوں یا بین الاقوامی سطح پہ۔ ایک ہی زبان کے بولنے والے ایک ہی ثقافتی کی وراثت کے حامل ہوں گے اور ان میں یکساں قدریں پائی جاتی ہیں، چاہے اس میں کمی بیشی کیوں نہ ہو۔ اس لحاظ سے اردو ناول ایک ہی تہذیب اور ثقافتی اقدار کی حامل نظر آتے ہیں۔ حالانکہ ان میں مختلف زمانے میں

مختلف موضوعات سمٹ آئے ہیں اور ان میں الگ الگ رجحانات بھی کار فرما ہیں۔اس لیے ڈپٹی نذیر احمد سے لے کر زمانے حال تک اردو ناول بہت سارے ناول نگاروں کی تجربہ گاہ رہے ہیں اور یہ نثری صنف نت نئے خیالات اور ہیئت سے دوچار ہوتی رہی ہے۔

Malyalam translations of Urdu Novels. Essay: Dr.Nakulan K. V.

***

۶

اردو زبان اور رسم الخط کا تحفظ: ہماری ذمہ داریاں

تبسم سلطانہ

اردو ہماری مادری زبان ہے۔ اور یہ قومی اور بین الاقوامی سطح پر بولی اور سمجھی جانے والی ایک مقبول زبان ہے۔ سعودی عرب ہو کہ لندن یا امریکہ، آسٹریلیا ہو کہ جرمنی یا جاپان دنیا کے طول و عرض میں آج اردو بولنے والے مل جائیں گے۔ اس سے پتہ چلتا ہے کہ اردو کی مقبولیت بڑھتی ہی جا رہی ہے۔ لیکن اردو زبان کے جائے پیدائش ہندوستان میں آزادی کے بعد سے اردو کی ترقی مائل بہ زوال ہے۔ اور آج چراغ تلے اندھیرا کے بقول دنیا بھر میں مشہور اردو زبان کے بارے میں ہمیں یہ کہنا پڑ رہا ہے کہ اردو زبان اور اس کے رسم الخط کو مٹنے سے بچانے کے لئے ہمیں کیا کرنا چاہئے۔ ایک طرف تو دعویٰ ہے کہ اردو عالمی طور پر مقبول زبان ہے۔ اور دوسری طرف ہندوستان میں اردو بچاؤ مہم چلانے کی ضرورت پڑ رہی ہے۔ آیئے اردو زبان کے شاندار ماضی سے حال کی طرف آتے ہیں۔

زبان کی تعریف:

زندگی کے ارتقاء میں زبان کا کردار بڑی اہمیت کا حامل ہے۔ اگر انسان حیوان ناطق نہ ہوتا تو ہماری زبان گونگی رہ جاتی۔ انسانی سماج میں زبان کو بنیادی حیثیت حاصل ہے۔

یہی وہ زبان ہے جو ابلاغ و ترسیل کا بنیادی وسیلہ ہے۔ زبان کا تصور اعضائے نطق سے ادا کی جانے والی آوازوں سے ہے۔ کچھ آوازیں بے معنی ہوتی ہیں۔ اور کچھ با معنی۔ جب آوازیں ایک ترتیب کے ساتھ ادا ہو کر با معنی لفظ بن جاتی ہیں تو خیالات و احساسات کا ذریعہ بنتی ہیں۔ زبان کیسے وجود میں آئی اس سلسلے میں یقینی طور پر کچھ نہیں کہا جاسکتا۔ لیکن انسانیت کے ارتقاء کے ساتھ زبانوں کی بھی ترقی ہوئی۔ زبان کی ابتدائی شکل بولی ہوتی ہے۔ جسے انگریزی میں Dialect کہتے ہیں۔ اور بولی کی ترقی یافتہ شکل زبان ہوتی ہے۔ جسے انگریزی میں Language کہتے ہیں۔

لسانیات:

زبان کے سائینسی مطالعے اور تجزیئے کا نام لسانیاتLinguistics ہے۔ زبان کے مطالعے کی شاخیں صوتیات۔ توضیحی لسانیات۔ بولیاں۔ سماجی لسانیات۔ ثانوی لسانیات۔ نفسیاتی لسانیات۔ تاریخی لسانیات اور اسلوبیات وغیرہ شامل ہیں۔

اردو زبان کا آغاز وارتقاء:

اردو ایک ہند آریائی زبان ہے۔ ہندوستان میں ماہرین لسانیات نے اردو کے آغاز کے نظریے دو طرح سے پیش کئے۔ ایک نظریہ مسلمانوں کی ہندوستان میں آمد اور مقامی باشندوں سے میل ملاپ کے ذریعے اردو کے آغاز کا ہے۔ اس طرح کا نظریہ پیش کرنے والوں نے علاقوں کے اعتبار سے پیش کیا۔ چنانچہ حافظ محمود شیرانی نے پنجاب سے اردو کے آغاز کا نظریہ پیش کیا۔ سلیمان ندوی نے سندھ سے اردو کے آغاز کا نظریہ پیش کیا۔ نصیر الدین ہاشمی نے دکن سے اردو کے آغاز کا نظریہ پیش کیا۔ اور محمد حسین آزاد نے آگرہ سے اردو کے آغاز کا نظریہ پیش کیا۔ بعد میں ہندوستان میں زبانوں کا مطالعہ علم لسانیات کی روشنی میں کیا گیا۔ ماہرین لسانیات سنیتی کمار چٹر جی، مسعود حسین خان، ڈاکٹر

محی الدین قادری زور اور پروفیسر گیان چند جین نے واضح کیا کہ ہندوستان میں زبانوں کے مطالعے کو ویدک سنسکرت دور۔ پراکرت دور اور جدید ہند آریائی دور سے جوڑا۔ اور کہا کہ اردو کا آغاز ہند آریائی زبان مغربی ہندی کی شاخ کھڑی بولی سے ہوا۔ اور اس کا جائے پیدائیش دہلی اور آگرہ کے علاقے رہے۔ اور گیارھویں صدی کے اوائل میں زبان کی بنیاد پڑی۔ اور مسلمانوں کی آمد اور مقامی باشندوں کے ساتھ میل ملاپ سے اردو کے الفاظ کا دامن وسیع ہوا۔

"اردو" ترکی زبان کا لفظ ہے۔ جس کے معنی فوج یا لشکر کے ہیں۔ ۱۱۹۳ء کے بعد جو لشکر دہلی میں مقیم ہوا۔ اس کی زبان اردو تھی۔ اور اردو دہلی چلی آئی۔ اور پروان چڑھنے لگی۔ اردو اپنے آغاز کے کافی عرصے تک بولی کی شکل میں پروان چڑھتی رہی۔ مغلیہ سلطنت کے دور میں ملک کی سرکاری زبان فارسی تھی۔ لیکن عوام میں صوفیائے کرام کی تعلیمات اور بازاروں کی بول چال میں اردو استعمال ہونے لگی۔ اردو آغاز کے بعد دکن میں پروان چڑھی۔ جہاں صوفیائے کرام اور بعد میں دکنی سلطنتوں کی سرپرستی سے اردو کے شعری اور بعد میں نثری ادب کو پروان چڑھنے کا موقع ملا۔ اردو کی پہلی نثری داستان سب رس ۱۰۴۵ ہجری میں ملا وجہی نے دکن میں لکھی۔ اردو کی مثنویاں دکن میں ہی پروان چڑھیں۔ اردو کا پہلا صاحب دیوان شاعر محمد قلی قطب شاہ کا تعلق دکن سے رہا۔ ولیؔ کے شمالی ہند سفر سے وہاں اردو شاعری کا آغاز ہوا۔ اور بعد میں انشاء۔ آتشؔ۔ ناسخؔ۔ مصحفیؔ۔ میرؔ۔ دردؔ۔ مومنؔ۔ غالبؔ۔ انیسؔ۔ دبیرؔ۔ حالیؔ۔ اقبالؔ۔ جوشؔ۔ فراقؔ۔ فیضؔ۔ ناصر کاظمی وغیرہ شاعروں نے اردو کی مقبولیت میں اضافہ کیا۔

شاعری کے دور کے بعد اردو نثر کو فروغ ملا۔ فورٹ ولیم کالج۔ دہلی کالج۔ ماسٹر رام چندر۔ سر سید احمد خان۔ خطوط غالب۔ اردو صحافت۔ مولانا آزاد۔ محمد علی جوہر اور دیگر

نے اپنے اپنے طور پر اردو نثر کو فروغ دیا۔ اردو میں داستانوں کے بعد ناول۔ ڈرامہ۔ افسانہ۔ اور غیر افسانوی ادب کی اصناف مضمون۔ انشائیہ۔ رپورتاژ۔ڈائری وغیرہ نے فروغ پایا۔

اردو رسم الخط:

کسی بھی زبان میں پہلی بولی رواج پاتی ہے۔ بعد میں اس کا رسم الخط فروغ پاتا ہے۔اردو کا رسم الخط فارسی و عربی سے ماخوذ ہے۔ یہ سامی خاندان کی زبانیں ہیں جو دائیں سے بائیں لکھی جاتی ہیں۔ اردو نے ضرورت کے مطابق وہ آوازیں جو فارسی اور عربی حروف سے ادا نہیں ہوتی تھیں۔اس کے لئے ہندوستانی زبانوں سے حروف اخذ کئے۔ جیسے ٹ۔چ۔ڈ۔ڑ۔گ۔ وغیرہ۔ اسی طرح ہندی سے بھ۔پھ۔تھ۔ٹھ۔ڈھ۔ وغیرہ آوازیں لیں۔۱۷۸۷ء میں جان گلکریسٹ نے سب سے پہلے ہندی کو دیوناگری رسم الخط میں رواج دیا۔ اور ہندی اور اردو کے رسم الخط کا فرق شروع ہوا۔

اردو زبان کے حروف تہجی: اردو کے حروف تہجی ۳۷ ہیں۔ اردو میں عربی فارسی اور ہندی کے الفاظ اور آوازیں شامل ہیں۔ جن کی تفصیل اس طرح ہے۔

خالص عربی حروف:

ث۔ح۔ذ۔ص۔ض۔ط۔ظ۔ع۔ق۔ہ

عربی کے ساتھ فارسی میں موجود حروف:

ا۔ب۔ت۔ج۔د۔ر۔ز۔س۔ش۔غ۔ق۔ک۔ل۔م۔ن۔و۔ہ۔ء۔ی۔ے

ہندی الاصل حروف:

ٹ۔ڈ۔ڑ

خالص فارسی حروف۔

پ۔چ۔ژ۔گ

مکمل حروف تہجی:

اب پ ت ٹ ث ج چ ح خ د ڈ ذ ر ڑ ز ژ س ش ص ض ط ظ ع غ ف ق ک گ ل م ن و ہ ء ی ے۔

اردو کا رسم الخط ہندوستان کی تمام تر زبانوں میں جامع اور کشادہ ہے۔ جس کے ذریعے ہر آواز کو ادا کیا جاسکتا ہے۔ چونکہ زبان ایک تغیر پذیر شئے ہے۔ اس میں ہمیشہ تبدیلیاں واقع ہوتی رہتی ہیں۔ اردو کے الفاظ و تراکیب۔ قواعد اور الفاظ سازی تمام زبانوں سے زیادہ وسیع ہیں۔

زبان دو طرح کے مقاصد کی تکمیل کرتی ہے۔ ایک تہذیبی مقصد جس میں علوم و فنون کی اشاعت غور و فکر تحقیق و تنقید ایجادات و اختراع شامل ہیں۔ دوسرے افادی مقصد جس میں روز مرہ کی ضروریات کے لئے زبان کا استعمال شامل ہے۔ ہندوستان میں اردو زبان کا شاندار ماضی رہا ہے۔ مغلیہ دور سے ہی اس زبان کے شعر و ادب نے اپنے بال و پر پھیلانے شروع کر دئے تھے۔ انیسویں اور بیسویں صدی میں اس زبان نے نثر اور شاعری کے میدان میں کارہائے نمایاں انجام دئے۔ اور اردو کی سبھی شعری و نثری اصناف میں بیش بہا خزانہ چھوڑا۔ اردو کے مستقبل پر سوال اس وقت سے لگنا شروع ہوا جب کہ آزادی کے بعد ہندوستان میں اردو کے مقابلے میں ہندی کو ملک کی سرکاری زبان قرار دیا گیا۔ اور بتدریج اردو کی سرپرستی میں کمی آنے لگی۔ اور آج عالم یہ ہے کہ شمالی ہند سے اردو کا رسم الخط تقریباً ختم ہو چکا ہے۔ اور وہاں کے شاعر اب اپنا اردو کلام ہندی میں شائع کرانے لگے۔ جنوبی ہند میں اردو کی صورتحال پھر بھی بہتر ہے۔ اور یہاں اردو رسم الخط زندہ ہے۔ اردو کے اخبارات اور رسائل اردو کی جامعہ اردو یونیورسٹی اور اردو کے

تعلیمی ادارے اس زبان کے مستقبل کی امید ہیں۔ لیکن پھر بھی اردو کے رسم الخط کے تحفظ اور زبان کے تحفظ کے لئے اگر شعوری کوشش نہیں کی گئی تو اردو پہلے زبان کے طور پر اور پھر بولی کے طور پر ختم ہو سکتی ہیں۔

اردو زبان اور رسم الخط کے لئے ہماری ذمہ داریاں:

زبان ایک نامیاتی شیئے ہوتی ہے۔ اگر اس استعمال کیا جائے تو وہ زندہ رہتی ہے۔ اور اگر اس کے ساتھ لاپرواہی برتی جائے تو پہلے اس زبان کی تحریری شکل ختم ہو جاتی ہے۔ اور اس کے بعد بولی بھی ختم ہو سکتی ہے۔ ایک دور میں دکن میں دکنی اردو کا چلن عام تھا لیکن اب یہ بولی کے طور پر بھی ختم ہو چکی ہے۔ ہندوستان میں فارسی کا بھی سرکاری سطح پر چلن تھا لیکن جب حکومتی سرپرستی ختم ہو گئی تو زبان بھی مر گئی۔ اس کے لئے انفرادی طور پر اور اجتماعی طور پر اردو زبان اور رسم الخط کے تحفظ کی کوشش ہونی چاہئے۔ ذیل میں اردو زبان کے تحفظ کی چند تجاویز پیش کی جا رہی ہیں۔

☆ اردو کے تحفظ کی پہلی ذمہ داری اردو والوں پر ہوتی ہے کہ وہ اپنے بچوں کو ان کی مادری زبان اردو میں تعلیم دلائیں۔ جب بچوں کی اردو میں تعلیم ہو گی تو اردو میں کتابیں شائع ہونگی۔ اردو مدارس قائم ہونگے۔ اساتذہ کے تقررات ہونگے۔ اردو اخبارات کی افادیت رہے گی۔ اور اردو کا ماحول رہے گا۔ آج اردو کے تحفظ کا نعرہ دینے والے قائدین کے بچے خود انگریزی میڈیم میں تعلیم حاصل کر رہے ہیں تو ہم کیسے امید کر سکتے ہیں کہ غریب کا بچہ اردو میڈیم میں پڑھے اور اردو کا تحفظ ہو۔ اس لئے عملی اقدامات کی ضرورت ہے۔ بیان بازی کی نہیں۔

☆ اردو کی ادبی انجمنوں اور اداروں کی ذمہ داری ہے کہ وہ فروغ اردو کے لئے جلسے 'سمینار، مشاعرے، طلباء کے لئے تحریری و تقریری مقابلے منعقد کریں۔ طلبا کو

انعامات دیں۔ انعام کے لالچ میں بھی بچے سیکھتے ہیں۔

☆ حکومت کی ذمہ داری ہے کہ وہ اردو کے فروغ کے لئے عملی اقدامات کرے۔ دفاتر میں اردو میں درخواستیں قبول ہوں۔ تمام سرکاری اور خانگی اداروں، ریلوے اسٹیشن، بس اسٹیشن وغیرہ پر اردو میں بورڈ لگوائے جائیں۔

☆ مرکزی حکومت جس طرح اپنے دفاتر میں بورڈ لگا کر روزانہ ہندی کا ایک لفظ سکھا رہی ہے۔ اسی طرح تمام دفاتر میں اردو سکھانے کے لئے بھی بورڈ لگائے جائیں۔ اور غیر اردو داں حضرات کو روز ایک اردو لفظ سکھایا جائے۔ حکومت جس طرح ریاست میں تلگو کو لازمی طور پر سب کو سکھا رہی ہے۔ اسی طرح لازمی کیا جائے کہ تمام مدارس میں اردو بھی لازمی زبان ہو اور انگریزی و تلگو میڈیم مدارس میں بھی اردو کو ایک لازمی مضمون بنایا جائے اور اس کے لئے حکومت مناسب قانون سازی کرے۔ اور اردو والے جب تک یہ قانون لاگو نہ ہو جائے اپنا مطالبہ جاری رکھیں۔

☆ اردو اکیڈیمی کو مزید فعال بنایا جائے اور اردو کی کتابوں کی اشاعت اور دیگر امور انجام دئے جائیں۔ اردو میں سائینسی تعلیم کے دور کو دوبارہ شروع کیا جائے۔ جس طرح عثمانیہ یونیورسٹی کے آغاز میں ہوا تھا۔ اردو یونیورسٹی میں اردو میں سائنس کی اعلیٰ تعلیم کا نظم کیا جائے اس کے لئے کتابوں کے ترجمے کا کام کیا جائے۔

☆ اردو اساتذہ اپنے طلباء میں اردو دانی کے فروغ کے اقدامات کریں۔ کتب خانوں کو فروغ دیا جائے۔ طلباء میں کتب بینی کا شوق بڑھایا جائے۔ اور ادبی مقابلوں کا انعقاد کرایا جائے۔

☆ مشاعرے اردو زبان کو زندہ رکھنے میں اہم رول ادا کر رہے ہیں۔ مشاعروں کی طرح نثر کی اصناف جیسے افسانہ اور مضمون و انشائیہ وغیرہ کے بھی اجلاس رکھے جائیں۔

اور زبان کو فروغ دیا جائے۔

☆ کمپیوٹر کو اردو کے فروغ میں استعمال کیا جائے۔ آج اردو کتابت کمپیوٹر کے ذریعے ہو رہی ہے۔اس کے امکانات میں وسعت پیدا کی جائے۔ اور اردو سے روزگار کے مواقع میں اضافہ کیا جائے۔

☆ کسی بھی زبان کو زندہ رکھنے کے لئے حکومت کی سرپرستی لازمی ہے۔ اس لئے اردو دان حلقہ حکومت سے اردو کے بارے میں اپنے مطالبات منواتے رہیں۔ اور اردو دوست حکومت کا انتخاب کرتے رہیں۔

Urdu Language and Script Protection - Our Responsibilities.
Essay: Tabassum Sultana.

***

۷

اردو ترجمہ نگاری : روایت اور ادبی محاسن

محمد عبدالواسع

ڈاکٹر احمد امتیاز، اپنے مضمون 'اردو میں ادبی ترجمے کی روایت' میں کہتے ہیں:

" ادبیات عالم میں 'طبع زاد' اور 'ترجمہ' کی اصطلاحیں رائج ہیں۔ عام طور پر انہیں ایک دوسرے کی ضد بھی سمجھا جاتا ہے۔ ترجمہ چونکہ دوسری زبان سے ماخوذ یا مستعار ہوتا ہے اس لیے اس میں ایک حد تک غیریت کا احساس باقی رہتا ہے۔ اس غیریت کے احساس کے سبب ہی "طبع زاد" کے مقابلے ترجمہ کو ثانوی حیثیت حاصل رہی ہے۔ لیکن دوسرے فنون کی طرح ترجمہ نگاری بھی ایک فن ہے اور ادب میں اس کی حیثیت مسلم ہے۔ ترجمہ ایک ایسا فن ہے جس کے بغیر دوسری زبانوں کے علوم و فنون سے آشنائی نہیں ہو سکتی اور اس کے بغیر کوئی بھی زبان جدید اور ترقی پذیر ہونے کا دعوی بھی نہیں کر سکتی۔ ترجمہ ہی وہ فن ہے جس کے ذریعے سے ایک قوم دوسری قوم کے ذخیرۂ علم و ادب سے آشنا ہوتی رہی ہے۔"

مذکورہ بالا اقتباس سے یہ صاف ظاہر ہو رہا ہے کہ ادب کسی ایک خاص قوم کی میراث نہیں ہے۔ ہر زبان میں تخلیقیت کے مظاہر سامنے آتے رہتے ہیں اور ترجمہ ہی کے ذریعہ انھیں دوسری قوموں تک پہنچایا جا سکتا ہے اور اس طرح ادب اور اس کے

لوازمات پھیلتے رہتے ہیں۔ اور جب بات اردو زبان کی ہو تو چاہے کسی کلاسیکی افسانہ کا ترجمہ ہو یا جدید نظم کا ترجمہ ہو، اردو کے مزاج کو دیکھتے ہوئے سادگی زیب نہیں دیتی، کچھ ادبی چاشنی بھی اس ترجمہ میں شامل ہونی چاہیے، جس سے اردو زبان کا قاری نہ صرف بخوبی واقف بلکہ کسی حد تک اس کا عادی بھی ہے۔ چنانچہ میں نے اپنے مقالہ کے ذریعہ اس بات کا جائزہ لینے کی کوشش کی ہے کہ آیا اردو میں کیے گئے ترجموں میں واقعی وادبی چاشنی شامل ہے جس کے لیے اردو مشہور ہے اور دیگر زبانوں کی صنعتوں کو اردو میں منتقل کرنے کے لیے اردو صنعتوں کا سہارا لیا گیا ہے یا آیا نئی صنعتیں تخلیق کی گئی ہیں یا پھر سادگی متن کی خاطر ان تمام سے گریز کیا گیا ہے جیسا کہ تہذیبی ترجموں کا ذکر کرتے ہوئے ڈاکٹر حسن الدین احمد لکھتے ہیں:

"افسانوں اور ناولوں کے ترجمے میں مترجم کا کام ایک لفظ کی جگہ دوسرا لفظ رکھنا نہیں ہے بلکہ ایک تہذیبی معنویت کو دوسری تہذیبی معنویت میں ڈھالنا ہے۔

تراجم میں ادبی محاسن کی منتقلی کا ذکر کرتے ہوئے ڈاکٹر اشرف رفیع یوں رقمطراز ہیں:

"ایک زبان کے تخلیقی ادب کو دوسری زبان میں منتقل کرنا، بڑا دشوار اور نازک کام ہوتا ہے۔ ادب اور بالخصوص شعری ترجموں میں اگر علمی ترجموں کی سی وفاداری اور اس کے منطقی ربط کو بہت زیادہ اہمیت دی جائے تو ضروری نہیں کہ اچھے نتائج حاصل ہوں کیوں کہ ادبی الفاظ، تلمیحات، تشبیہات، استعارے، کنائے، مثالیں، علامتیں، تراکیب اور محاورے ہر زبان میں اپنی جدا جدا شان رکھتے ہیں اور ان کے علمی اور لفظی ترجمے سے زیادہ ان کے مفہوم اور معنی کی ترجمانی اہم ہوتی ہے۔ اس لیے اکثر صورتوں میں ان کے مترادفات بلکہ مماثلات زیادہ موثر ہوسکتے ہیں کیوں کہ ادبی تراجم میں تاثیر کا ابلاغ بنیادی

اہمیت رکھتا ہے۔"

درج بالا اقتباسات سے ترجمہ میں صنائع اور بدائع کی منتقلی کی نہ صرف اہمیت بلکہ دشواری کا بھی پتہ چلتا ہے۔ چونکہ صنعتیں تحریر میں نگینے جڑنے کا نام ہے اور ترجمہ میں ان نگینوں کو ٹھیک ان کی جگہ پر منتقل کرنا اور بھی دشوار گذار کام ہے۔ جہاں ایک جانب مترجم کو متن سے وفاداری نبھانی ہے وہیں ساتھ میں یہ بھی مسئلہ ہے کہ یہ وفاداری ترجمہ شدہ متن کے حسن کو خاک میں ملا سکتی ہے چنانچہ یہاں مترجم کو تھوڑی بہت آزادی دینی ضروری ہے کہ چاہے وہ متن کے ساتھ تھوڑی سی بے دیانتی برتے لیکن اس بات کی کوشش کرے کہ صنعتیں اصل زبان سے ہدفی زبان میں منتقل ہو جائیں۔ گویا یہاں ترجمے کے بارے میں کہی گئی یہ بات صادق آتی ہے کہ ترجمہ ایک ایسی محبوبہ کی طرح ہوتا ہے جو وفادار ہو تو بدصورت ہوتی ہے اور خوبصورت ہو تو بے وفا ہوتی ہے۔ گویا صنعتوں کا التزام اسے حسین تو بنا رہا ہے لیکن مترجم کو اصل متن سے تھوڑی سی بے وفائی کرنی پڑ رہی ہے۔

دنیا کی بڑی زبانوں کے ذریعہ نسبتاً کم ترقی یافتہ زبانوں میں ترجمہ کی اہمیت کا ذکر کرتے ہوئے، غلام شبیر رانا کہتے ہیں:

"ہر تخلیق کار جب اپنے تخلیقی عمل کا آغاز کرتا ہے تو وہ زبان میں ادبی شعریات کے متنوع خد و خال سامنے لانے کی مقدور بھر سعی کرتا ہے۔ زبان کو ثروت مند بنانے کے سلسلے میں اس کی تخلیقی فعالیت وقت کا اہم ترین تقاضا سمجھا جاتا ہے۔ اس کے بعد مترجم اپنے ذوق سلیم کو بروئے کار لاتے ہوئے اپنی زبان کو دوسری زبان کے ادب کے ان عظیم فن پاروں سے مالا مال کرنے کا آرزومند ہوتا ہے جن کی پوری دنیا میں دھوم مچی ہوتی ہے۔ ترجمے کے ذریعے اس کی یہ خدمت اس کی اپنی زبان کو دوسری زبانوں کے

ادبیات کی مسحور کن عطر بیزی سے مہکانے کی لائق تحسین کاوش سمجھی جاتی ہے۔ عالمی کلاسیک افق ادب پر مثل آفتاب ضوفشاں ہوتی ہیں، ایک حساس تخلیق کار نگاہوں کو خیرہ کر دینے والی ایسی تخلیقات کی ضیا پاشیوں سے بے نیاز نہیں رہ سکتا۔ دنیا کی بڑی زبانوں کے نابغۂ روزگار ادیبوں نے عالمی ادبیات کا دامن اپنے متنوع تخلیقی تجربات سے مالا مال کر دیا۔ دنیا کی بڑی زبانوں کے عظیم ادب پاروں کا چھوٹی اور نسبتاً کم ترقی یافتہ زبانوں میں ترجمہ لسانی ارتقا کے لیے ناگزیر ہے۔"

مذکورہ بالا بحث سے یہ بات واضح ہو جاتی ہے کہ ایک زبان کا ادب دوسری زبان کے ادب سے ترجمہ ہی کے ذریعہ مالا مال ہو سکتا ہے۔ ترجمہ میں ادب کی اصناف دراصل اصل زبان کی ثقافت کی جھلک ہوتی ہے۔ تراجم کے ذریعے ثقافتی میراث کی منتقلی کا افادیت سے لبریز عمل سدا جاری رہتا ہے۔ زبان میں مضامین، موضوعات، اور خیالات کی تونگری، تخلیقی فعالیت کی ہمہ گیری اور جذبۂ شوق کی ہے کرانی، تراجم ہی کی مرہون منت ہے۔ مترجم جب قلم تھام کر ترجمے پر مائل ہوتا ہے تو وہ ثقافتی اقدار کی ترسیل کے لیے اس بات کا التزام کرتا ہے کہ اس کے ترجمے پر قاری کو پختہ یقین ہو اور اس یقین کو بڑھانے اور قائم رکھنے کے لیے وہ زیادہ سے زیادہ ادبی محاسن کا سہارا لے کر اپنی زبان کو بھی مالامال کرتا ہے اور قاری کو دوسری ثقافت سے روشناس بھی کراتا ہے۔ چنانچہ اس کے لیے ضروری ہے کہ مترجم نہ صرف دونوں زبانوں کی قواعدی ساخت بلکہ ان کی ادبیات سے بھی واقف ہو۔ وہ اصل زبان اور ہدفی زبان کے مزاجوں اور تہذیبی فضا سے آگاہ ہو اور بالخصوص بدفی زبان میں اصطلاحات، محاوروں، ادبی محاسن اور مترادفات پر عبور رکھتا ہو۔

چنانچہ اس سلسلہ میں ڈاکٹر حسن الدین احمد یوں رقمطراز ہیں:

"ایک زبان کے ادبی شہ پاروں کو دوسری زبان کے ادیبوں اور دانشوروں تک پہنچانا بھی ضروری ہے تاکہ دوسری زبان کے ادیب نئے ادبی رجحانات کو فروغ دیں۔"

اس سے یہ بات صاف ظاہر ہوتی ہے کہ کوئی ایک قوم یا کوئی ایک زبان کے حامل لوگ کبھی علمی لحاظ سے مکمل اور خود مکتفی نہیں رہ سکتے۔ انھیں علم کے ہر میدان میں دوسری قوموں کی تحقیق و معلومات کی ضرورت ہوتی ہے۔ اور ترجمہ، ان علوم و معلومات کے حصول کا ذریعہ ہے۔ چنانچہ ایک زبان کے ماننے والوں کے لیے یہ ناگزیر ہے کہ وہ دوسری زبان کی اہم تخلیقات کا اپنی زبان میں ترجمہ کریں اور اپنی نئی زبان کو نئے نئے الفاظ، اصطلاحات، محاوروں، کہاوتوں اور دیگر ادبی محاسن سے مالامال کریں۔ بقول ڈاکٹر جمیل جالبی:

"ترجمہ کی اہمیت یہی ہے کہ ایک طرف تو اس کے ذریعہ نئے خیالات زبان میں داخل ہوتے ہیں جس سے ذہنی جذب و قبول کا سلسلہ جاری رہتا ہے۔ دوسرے زبانوں کی قوت اظہار میں نئے امکانات پیدا ہوتے ہیں یعنی جس زبان میں ترجمے کیے جائیں اس کے ادب کو جدید خیالات کے ساتھ ساتھ نئی تشبیہات اور تازہ استعارے ملتے ہیں اور اس زبان کو نئی جہت اور وسعت حاصل ہوتی ہے۔ زبان ایک نئے مزاج سے روشناس ہوتی ہے۔ نئے لہجوں کو اپنے مزاج میں جذب کرتی ہے۔ خصوصاً منظوم ترجموں کی صورت میں زبان شاعرانہ اور نازک خیالات کے اظہار پر قدرت حاصل کرکے احساس و خیال کی نت نئی تصویریں ابھارنے کی اہل ہو جاتی ہے۔"

اس سے یہ بات واضح ہوتی ہے کہ اگر کسی زبان میں دیگر زبانوں کے الفاظ اور خیالات جذب کرنے کی صلاحیت نہ ہو تو وہ کبھی ترقی نہیں کر سکتی۔ اور دیگر زبانوں سے نئے خیالات اور نئی اصناف ادب کے انجذاب کا سب سے بہترین ذریعہ بلکہ واحد ذریعہ

ترجمہ ہی ہے۔ ترجمہ ہی کے ذریعہ دیگر زبانوں کے خزانوں کو اپنی زبان کے سانچے میں ڈھال لیا جاتا ہے۔ ترجمہ ہی کے ذریعہ نئے افق سامنے آتے ہیں جن سے خیالات میں وسعت پیدا ہوتی ہے، نئے اقدار حاصل ہوتے ہیں اور مختلف ثقافتوں کے درمیان تقابل کا موقع ملتا ہے۔ خود اردو زبان کی بیشتر مثنویاں اور طویل داستانیں فارسی یا سنسکرت زبان کا ترجمہ ہیں۔ ترجمہ ہی کے ذریعہ، علوم و فنون لسانی پیراہن بدلتے ہیں اور تمام انسانیت کی میراث بنتے ہیں، خواہ مختلف علاقوں اور خطوں کے رہنے والوں کی زبانیں ایک دوسرے سے کتنی ہی مختلف کیوں نہ ہوں اور اس طرح ایک عالمی ادب تشکیل پاتا ہے۔ اس سلسلہ میں ڈاکٹر امتیاز احمد لکھتے ہیں:

"زبان کے پھلنے پھولنے میں بھی ترجمہ ایک اہم کردار ادا کرتا ہے۔ نئی اصناف ادب کا ورود ہمیشہ ترجمے کے ذریعے ہی ممکن ہو سکا ہے اس لیے اس کی ضرورت سے انکار نہیں کیا جاسکتا۔ ترجمے کی ضرورت اس لیے بھی اہم ہے کہ اس کے ذریعے طور طریقے، مذہب، ادب اور تہذیب کو سمجھنے میں آسانی ہوتی ہے۔ انسانی تہذیب کی ترقی میں ترجمہ ایک اہم رول ادا کرتا ہے۔ اس لیے قوموں اور زبانوں کے درمیان باہمی افہام و تفہیم اور ربط و ضبط کی راہیں کھولنے کے لیے ترجمہ کی ہی مدد لی جاتی ہے۔ ادبیات عالم میں تاریخی ادوار اور لسانی تمدن کی شناخت و بازیافت کا واحد ذریعہ ترجمہ رہا ہے۔ اس لیے ترجمہ کو اخذ و استفادہ کی ایک شکل بھی قرار دیا گیا ہے کیوں کہ اس کی ضرورت اس وقت پیش آتی ہے جب کسی چیز کا فقدان ہو۔ اس فقدان کی تکمیل اس وقت تک ممکن نہیں ہو سکتی جب تک کہ اس چیز کی طرف رجوع نہ کریں۔

رجوع کے ساتھ ہی ذہن ترجمے کی طرف منتقل ہو جاتا ہے اور اس وقت ترجمے کی ضرورت کا احساس ہوتا ہے۔ ناواقفیت کی منزل سے گزرتے وقت ترجمے کی ضرورت کا

احساس بار بار ہوتا ہے اور اسی کے زیر اثر ترجمے کا فن پروان چڑھتا ہے۔ ترجمے کی ضرورت کے ساتھ ساتھ ہمیں اس کی اہمیت کا بھی اندازہ ہوتا ہے۔ ترجمے کے ذریعے نہ صرف الفاظ اور زبان کی نشو ونما میں اضافہ ہوتا ہے بلکہ علوم و فنون میں بھی اضافہ ہوتا ہے اور ذہن میں کشادگی پیدا ہوتی ہے۔ اس کے ذریعے سے نئے نئے اسالیب بیان ظاہر ہوتے ہیں۔ دوسری زبانوں کے ذخیرۂ ادب سے آشنائی ہوتی ہے۔ زبان کا منصب طے ہوتا ہے۔ اسلوبی خصائص اور تہذیبی بو باس کا اندازہ ہوتا ہے۔ معاشرتی اور ذہنی تحریکیں ترجمے کے ذریعے ہی وجود میں آئی ہیں اور زبانوں اور تہذیبوں کے درمیان ایک رشتہ ارتباط قائم ہوا ہے۔ ترجمے کے ذریعے ہی آج مشرق و مغرب کے درمیان کی دوری ادبی اور لسانی اعتبار سے کم ہو پائی ہے۔ ان کے افکار و خیالات سے آشنائی ہوئی ہے اور ایک دوسرے کو سمجھنے میں بہت حد تک کامیاب ہو پائے ہیں۔ دوسرے ادب کے خزانوں کا سراغ ہمیں ترجمے کے ذریعے ہی مل پایا ہے۔ انفرادی اور اجتماعی دونوں اعتبار سے ہم نے جو ترقی اور تعمیر کی ہے وہ ترجمے کے ذریعے ہی ممکن ہو سکا ہے۔ بطور فن ہم بھلے ہی ترجمے کو طبع زاد کے مقابلے کمتر سمجھتے ہوں مگر اس حقیقت سے انکار نہیں کیا جا سکتا کہ ترجمہ نے کچھ ایسے کام انجام دیے ہیں جو طبع زاد تصنیف بھی نہیں دے سکتی تھی۔

چند مثالیں تو ایسی بھی ہیں جنہیں ترجمے کے ذریعے ہی قبولیت حاصل ہوئی ہے اور اس طبع زاد تصنیف کو شاہکار کی حیثیت حاصل ہوئی ہے۔ اردو زبان و ادب میں ادبی تراجم کے ذریعے ہی بہت سی اصناف متعارف ہوئی ہیں۔ نثر میں ڈرامہ، ناول، افسانہ، خاکہ، انشائیہ، مکتوب، رپورتاژ وغیرہ مغربی ادبیات سے ترجمے کے ذریعے ہی ہماری زبان میں آئے ہیں۔ اس کے ساتھ ساتھ نظم میں آزاد نظم، ترائیلے، ہائیکو، سیڈوکا، ماہیے، مثلث و دیگر اصناف سخن ترجمے کے ذریعے ہی اردو زبان و ادب میں آئی ہیں۔ مغربی علوم و

ادبیات کے علاوہ خود مشرقی ادبیات سے بھی ہم نے بہت کچھ حاصل کیا ہے۔ عربی، سنسکرت اور فارسی ادبیات کا بہت کچھ سرمایہ ہماری زبان میں منتقل ہو چکا ہے۔ مثنوی اور داستانوں میں ہم نے سب سے زیادہ ان تینوں زبانوں سے استفادہ کیا ہے۔ ہائیکو اور سیڈو کا جیسی جاپانی صنف سخن تک ہماری رسائی ترجموں کے ذریعے ہی ہو پائی ہے۔ گویا ترجمے نے ہمارے ادب کو مختلف انداز سے روشناس کرایا ہے اور اس کے دامن کو وسیع سے وسیع تر کیا ہے۔"

درج بالا بحث کے بعد ہم یہ کہہ سکتے ہیں کہ قوموں کی علمی ترقی میں ترجمے ہی نے سب سے اہم رول ادا کیا ہے۔ ذہانت و فطانت پر کسی ایک قوم کی اجارہ داری نہیں، تاہم اس ذہانت و فطانت کے ذریعہ کی گئی ایجادات کو دوسروں تک پہنچانے کا واحد ذریعہ ترجمہ ہے۔ ترجمہ صرف تہذیبی سفیر ہی نہیں لسانی سفیر بھی ہے جہاں وہ ایک ثقافت کو دوسری ثقافت سے متعارف کرواتا ہے وہیں وہ ایک زبان کی ادبی خصوصیات کو دوسری زبان میں منتقل کرتا ہے۔

ماخوذ از مقالہ: اردو ترجمہ نگاری میں صنائع و بدائع: مسائل اور حل۔ پی۔ ایچ۔ ڈی مقالہ از: محمد عبدالواسع (نگران: پروفیسر محمد ظفر الدین)، مولانا آزاد نیشنل اردو یونیورسٹی، حیدرآباد۔ (شعبہ ترجمہ، ۲۰۱۷)

Urdu translation, tradtion and literary qualities, Research Essay: Mohd Abdul Wasay.

***

۸

حالی : شوخی ظرافت اور نصیحت کا شاعر

ذکی تال گانوی

خواجہ الطاف حسین حالیؔ ۱۸۳۷ء میں پنجاب کے شہر پانی پت میں پیدا ہوئے جو اُس وقت پنجاب میں شامل تھا اور اب ہریانہ میں ہے۔ انہوں نے اردو شاعری کو مقصدی شاعری بنانے، سادگی، سچائی اور واقعیت کے قریب لانے میں نمایاں کام انجام دیا ہے۔ ان کا اندازِ بیان یوں تو سادہ سلیس اور سنجیدہ ہے لیکن کہیں کہیں اس میں شوخی اور ظرافت کی جھلکیاں بھی نظر آتی ہیں۔

شوخی و ظرافت اور حالی بادی النظر میں دو متضاد راہیں معلوم ہوتی ہیں۔ لیکن جہاں تک نصیحت کا تعلق ہے تو حالیؔ کی پوری شخصیت ہی ایک ناصح مشفق کے پیکر میں ڈھلی ہوئی محسوس ہوتی ہے۔ ان کے کلام سے شوخی و ظرافت کی جوئے شیر نکالنا مشکل ضرور ہے کیونکہ وہ انتہائی سنجیدہ، رقیق القلب اور زاہد خشک قسم کے انسان تھے۔ ان کے ذاتی حالات اور اس دور کے پُر آشوب واقعات نے درد مند اور انسان دوست شاعر کے لبوں سے مسکراہٹ چھین لی تھی۔ ان کے تصور میں ملک و قوم کی عظمتِ رفتہ، زوال پذیر اسلامی اقدار کی بے حرمتی اور غلامی کے دل شکن مناظر گھومتے رہتے تھے۔ اسی کرب نے ان کے درد کو لافانی بنادیا تھا۔ ایسے حالات میں اُنہیں شوخی و ظرافت کی کیونکر سوجھ

سکتی تھی۔ یہی وجہ ہے کہ ان کی تمام نثری اور شعری تخلیقات میں بلا کی سنجیدگی، متانت اور دلسوزی پائی جاتی ہے۔ ان کے یہاں میرؔ کا سوز اور فانیؔ کی یاسیات تو با آسانی دیکھی جاسکتی ہے۔ لیکن انشاءؔ کی ظرافت، سوداؔ کی شوخی، غالبؔ کی شگفتہ بیانی نایاب ہے۔ ان کی ایک نظم "مناجات بیوہ" کے بارے میں تو یہاں تک سُنا جاتا ہے کہ اس کو پڑھ کر بہت سی سہاگنیں، بیوگی کی آرزو کرنے لگی تھیں۔۔

اس کے باوجود یہ سوچنا کہ حالیؔ محض ایک واعظ ایک مبلغ یا ایک ناصح تھے۔ ان کے ساتھ ناانصافی ہوگی۔ جس طرح صحرا میں پھول کھل جاتے ہیں بدلی سے اچانک چاند نمودار ہو جاتا ہے یا گھٹن بھرے ماحول میں ٹھنڈی ہوا کا جھونکا آجاتا ہے اسی طرح حالیؔ کے کلام میں شوخی و ظرافت کو دیکھا جاسکتا ہے۔ غزل ایسی صنف سخن ہے جس کے کوچے میں بڑے سے بڑا زاہدِ خشک اور عابدِ چاک گریباں ہو کر رقص کرنے لگتا ہے حالیؔ جو کہ ایک عام انسان تھے ان کا غزل سے متاثر ہونا بھی لازمی تھا اگرچہ شوخی و ظرافت ان کا اپنا رنگ نہیں تھا لیکن کچھ شباب کا زمانہ کچھ "حیوانِ ظریف" کی صحبت کے اثر سے حالیؔ نے بھی ظرافت کا اظہار کیا ہے۔

"اے خاصہ خاصانِ رسل وقت دعا ہے" جیسی مناجات لکھنے والے کے کلام میں جب مندرجہ ذیل اشعار دیکھتے ہیں تو حیرت ہوتی ہے۔

ہیں عاشقی کی گھاتیں معلوم اس کو ساری
حالیؔ سے بدگمانی بے جا نہیں ہماری

ہے جستجو کہ خوب سے ہے خوب تر کہاں
اب دیکھئے ٹھہرتی ہے جا کر نظر کہاں

ہوتی نہیں قبول دعا ترکِ عشق کی

دل چاہتا نہ ہو تو زباں میں اثر کہاں

نہ ملا کوئی غارتِ ایماں

رہ گئی شرم پارسائی کی

اُن کو حالی سبھی بلاتے ہیں گھر اپنے مہماں

دیکھنا آپ کی اور آپ کے گھر کی صورت

حالیؔ نے نہ صرف شاعری میں بلکہ اپنی بعض نثری تحریروں میں بھی شوخ اور ظریفانہ انداز اختیار کیا ہے۔ مسدس کے دیباچہ میں رقم طراز ہیں:۔

"البتہ مشاعروں کی بدولت چند روز جھوٹا عاشق بننا پڑا۔ ایک خیالی معشوق کی چاہ میں دستِ جنوں کی وہ خاک اُڑائی کہ قیس و فرہاد کو گرد کر دیا۔ کبھی نالۂ نیم شبی سے راہ سکوں کو ہلا ڈالا کبھی چشمِ دریابار سے تمام عالم کو ڈبو دیا۔ آہ وفغاں کے شور سے کروبیاں کے کان بہرے ہو گئے شکایتوں کی بوچھار سے زمانہ چیخ اٹھا۔ طعنوں کی بھرمار سے آسمان چھلنی ہو گیا جب رشک کا تلاطم ہوا تو ساری خدائی کو رقیب سمجھا۔ یہاں تک کہ اپنے آپ سے بدگمان ہو گئے جب شوق کا دریا امنڈا تو کشش دل سے جذب مقناطیسی اور قوت کہربائی کا کام لیا بارہا تیغ ابرو سے شہید ہوئے اور ایک ٹھوکر سے جی اُٹھے۔"

حالیؔ کی مندرجہ بالا تحریر جو انہوں نے اپنی سنجیدہ شاعری کا جواز ثابت کرنے کے لیے لکھی تھی۔ غیر ارادی طور پر ان کے دل میں موجزن حسِ مزاح کے زیر اثر شوخی بیان کی سرحدوں کو چھوتی ہوئی محسوس ہوتی ہے۔

شوخی کا لازمی نتیجہ ظرافت بھی ہے تو بھلا یہ کیسے ممکن تھا کہ حالیؔ شوخی سے ظرافت کی جانب نہ آتے۔ ان کے بعض اشعار ان کے لاشعور میں دبی حسِ مزاح کو اجاگر کرتے ہیں۔

اپنے جوتوں سے رہیں سارے نمازی ہشیار
اک بزرگ آتے ہیں مسجد میں خضر کی صورت
تو بھی کھانے میں نہیں محتاط شیخ
ہم کریں پینے میں کیوں پھر احتیاط
قافلے گزریں سلامت وہاں کیوں کر واعظ
ہو جہاں راہزن و راہنما ایک ہی شخص

حالی ایک شگفتہ مزاج انسان بھی تھے۔ ایک مرتبہ وہ اپنے کسی مداح کے مکان پر مقیم تھے میزبان نے اُن کی خدمت پر ایک دیہاتی کو مقرر کیا اور اس سے کہا۔ یہ مولانا حالی ہیں۔ دیہاتی نے حیرت کا اظہار کرتے ہوئے پوچھا کیا "ہالی" (یعنی ہل چلانے والا) بھی مولانا ہو سکتا ہے۔ مولانا حالی نے یہ سُن کر خوش ہو کر فرمایا۔ "اس سے بہتر میری ستائش اور نہیں ہو سکتی آج مجھے اپنے تخلص کی داد مل گئی" اس سے ظاہر ہے کہ وہ مزاح سے لطف اندوز ہوتے تھے۔۔

اگر ظرافت میں طنز کی کاٹ بھی شامل ہو تو اس کی اثر آفرینی میں اضافہ ہو جاتا ہے لہذا حالی اپنی ظرافت کے ترکش کو طنز کے تیروں سے لیس بھی رکھتے تھے کیونکہ یہ ان کی اور سرسید کی تحریک میں معاون تھے۔ اسی لیے حالی نے اپنے ظریفانہ اشعار میں طنز کی آمیزش کر کے اپنی خوابیدہ قوم کے جذبات کو بیدار کرنے کی پوری کوشش کی ہے۔۔

یہ کر جائیں ہجرت جو شاعر ہمارے
کہیں مل کے خس کم جہاں پاک سارے
طوائف کو ازبر ہیں دیوان ان کے
گویوں پہ بے حد ہیں احسان ان کے

کہ عقلوں پہ پردے دیئے ڈال انہوں نے
ہمیں کر دیا فارغ البال انہوں نے

الغرض اس مفروضہ میں کوئی دم نہیں ہے کہ حالی کی شاعری میں ملک و قوم کی نوحہ خوانی سیاسی اور معاشرتی اقدار کی مایوس کن تصویر کشی اور کوری نصیحتیں ہی پائی جاتی ہیں۔ اس کے بر خلاف ان کے بعض اشعار سے صاف عیاں ہے کہ جہاں وہ ایک درد مند دل رکھتے تھے وہاں مودّب قسم کی شوخی و ظرافت کا اظہار کرنے میں بھی نہیں جھجھکتے تھے۔ وہ آنکھوں کو نمناک کرنے کے ساتھ ساتھ ہونٹوں کی مسکراہٹ سے بھی ہم کنار کرتے تھے۔

ماخوذ: ماہنامہ "شگوفہ "(حیدرآباد)۔ شمارہ: اپریل ۲۰۰۹۔

Maulana Hali, Essay by: Zaki Talganvi

***

۹

ادبی رسائل کے پچیس سال

ابن انشاء

معروف و مقبول شاعر و ادیب ابن انشاء کا یہ مضمون مشہور ادبی رسالے "ساقی" (کراچی، اجرا: ۱۹۳۰) کے ایک یادگار خصوصی شمارہ "جوبلی نمبر ۱۹۵۵ء" سے ماخوذ ہے۔

آج سے پچیس سال پہلے کے ادبی رسالوں کا عجب ہنجار تھا۔ بلکہ اس زمانے کے سارے ادب کا مزاج ہی آج سے بہت الگ تھا۔ یہ ادب میں حقیقت پسندی کی تحریک آنے سے پہلے کی بات ہے۔ خدا نیاز فتح پوری کو بھلا کرے کہ جن کی بدولت اردو میں ٹیگوریت، آسکر وائلڈیٹ اور یونانی منیت کا ریلا آیا، انہی اثرات کی بدولت اردو میں وہ عجیب و غریب صنف پیدا ہوئی جسے ادب لطیف کہتے تھے۔ اب تو خیر مضمونوں اور تاریخوں تک میں اس کا ذکر نہیں ملتا لیکن ربع صدی پہلے کے لوگ اسی طرح اس پر ہزار جان سے عاشق تھے، جس طرح آج غزل پر ہیں۔ اردو، نگار اور معارف وغیرہ کے مزاج اور ظاہری ہیئت میں ان سالوں میں کچھ ایس فرق نہیں آیا۔ اور اب سے پچیس برس بعد بھی مجھے یقین ہے ان کے قلب، قالب کی ماہیت نہیں بدلے گی۔ لیکن جو پرچے تخلیقی ادب کے لئے وقف رہے ہیں ان کا سراپا اکثر بدلا اور بہت بدلا، اس وقت ہمیں انہی سے غرض ہے۔

الہ آباد سے منشی کنہیا لال ایڈوکیٹ ایک ماہنامہ نکالتے تھے "چاند" ۱۹۳۰ء میں انہوں نے ایڈیٹر نمبر نکالا۔ دراصل ان دنوں خاص نمبر نکالنے کا رواج بھی آج کی نسبت کہیں زیادہ تھا۔ عام رسالے سال میں چار چار خاص خاص نمبر نکالتے تھے۔ خود ساقی کی بہت دنوں یہی روش رہی ہے۔ اپنی اشاعت کے دوسرے ہی سال اس نے بھی چار نمبر نکالے۔ سالگرہ نمبر، ظریف نمبر، افسانہ نمبر، اور دلی نمبر۔ جنہیں خدا، اور توفیق دیتا ہو گا وہ چار سے زیادہ بھی نکالتے ہوں گے۔ ارادہ ہونا چاہئے نام اور بہانے ہزاروں۔ پشاور سے ایک پرچہ ادیب نکلتا تھا اس نے ۱۹۳۱ء میں خریداروں کو چار خاص نمبر، عید نمبر افسانہ نمبر، مزاحیہ نمبر اور کابل نمبر مفت دینے کا اعلان کیا تھا۔ سالنامہ اور سالگرہ منبر ان پر مستزاد تھے۔ نیرنگ خیال اور عالمگیر اس زمانے میں بڑے جید پرچے سمجھے جاتے تھے اور نیرنگ خیال تو خیر اس سنت شریفہ کا موجد ہی تھا۔ یہ بڑا جہازی سائز، نیلے پیلے حاشیے، بلامبالغہ بیسیوں تصویریں، دورنگی بھی اور سہ رنگی چہار رنگی بھی۔ آج کے نقطہ نظر سے دیکھیں تو ان تصویروں میں اور مٹھے کے تھانوں پر سے اتاری ہوئی رنگین تصویروں میں زیادہ فرق معلوم نہ ہو گا لیکن اس زمانے کے لوگوں کا مزج بھی رومانی اور یونانی قسم کا ادب پڑھتے پڑھتے عجیب سیلوڈرامیٹک اور کلاسیکی سا ہو گیا تھا۔ غزلوں اور نظموں تک میں آہ کا لفظ بار بار آتا تھا۔ ادب لطیف تو آہ کے بغیر ایک سطر بھی نہ چلتا تھا۔ یہ کیفیت ۱۹۳۴ء اور ۱۹۳۵ء تک رہی اس کے بعد حقیقت پسندوں اور ترقی پسندوں نے ادب کا رخ ہی بدل دیا۔ اور رسالوں کے انداز نظر میں بھی بلوغت آنے لگی۔

میں نے اوپر چاند کے ایڈیٹر نمبر کا ذکر کیا تھا۔ یہ ایک بہت دلچسپ اور عجیب تالیف ہے۔ منشی کنہیا لال نے ہندوستان کا کوئی ایڈیٹر اور سابق ایڈیٹر نہ چھوڑا ہو گا سب سے مضامین حاصل کئے (بعض مضمون آدھ آدھ بلکہ پاؤ پاؤ صفحے کے ہیں) اور سب کی

تصویریں چھاپیں۔ یہ پکچر گیلری بجائے خود عبرت کا سامان ہے۔ آج کے پرائم بڈھے اس زمانے میں درشنی جوان تھے اور اس زمانے کے بڈھوں میں سے اکثر کو قبروں میں لیٹے مدتیں ہوئیں۔ فوٹو کھنچوانے کی خاطر ٹائی باندھنے یا بندھوانے کا رواج تو خیر اب بھی ہے اس وقت لوگ سینری دار پردے کے سامنے کھڑے ہو کر یا کتاب سامنے کھول کر یا کسی مکلف اسٹینڈ پر کہنی رکھ کر تصویر کھنچواتے تھے اور سارے زمانے کی علمیت چہرے پر یکمشت طاری کر لیتے تھے۔ ایک محترمہ تو ہاتھ میں پھول تک لئے کھڑی ہیں اور ایک صاحب نے سگریٹ اور فیلٹ کی مدد سے ای بلیموریا کی شکل اڑائی ہے۔ ستم ظریف ایڈیٹر نے نکیلی مونچھوں والوں کو برابر برابر چھاپا ہے، مولوی عبدالحق، جوش، لسیانی اور شوکت تھانوی قریب قریب اس زمانے میں بھی ایسے ہی تھے، جیسے اب ہیں، البتہ سید عابد علی، حفیظ جالندھری، سالک اور نیاز فتح پوری وغیرہ اب بہت مختلف تھے۔ ہمارے شاہد صاحب اس البم میں نہیں ہیں ممکن ہے اس زمانے میں بڑے ایڈیٹر نہ سمجھے جاتے ہوں۔ ان کی عمر بھی تو اس وقت چوبیس پچیس برس کی ہوگی۔

ساقی جنوری ۱۹۳۰ء میں نکلا۔ ادبی دنیا عمر میں دو چار ماہ بڑا ہوگا، اس کے موسس اور ایڈیٹر مولانا تاجور مرحوم تھے۔ ہمایوں کو ان دنوں جوانا سرگ منصور احمد ایڈٹ کرتے تھے۔ مخزن غالباً دم توڑ چکا تھا۔ نیرنگ خیال اور عالمگیر کا ہم پہلے ذکر کر چکے ہیں۔ بڑے بڑے اور اہم رسالے یہی تھے۔ اختر شیرانی کے خیالستان کو اور شامل کر لیجئے۔ لاہور کا رہنمائے تعلیم بھی زوروں پر تھا اور محض تعلیمی پرچہ نہ تھا۔ زمانے کا ذکر بھی ضروری ہے لیکن حقیقت یہ ہے کہ زمانے میں زمانے کے ساتھ ساتھ اتنی تبدیلی نہیں آئی جتنی اور پرچوں میں آئی۔ شباب اردو کا سرورق نقرئی اور بھڑکیلا تھا لیکن اندر کچھ نہ رہ گیا تھا۔

غرض یہ ہے آج سے پچیس برس پہلے کے ادبی رسائل کی کیفیت۔ بعد میں ان میں سے کچھ پرچے ہلال شام سے بڑھ کے ماہ تمام ہو گئے تھے جیسے ساقی، ادبی دنیا، اور ہمایوں اور بعضے ہر برج میں گھٹتے گھٹتے صبح تلک گمنام ہو گئے۔ ان میں نیرنگ خیال اور عالمگیر وغیرہ آتے ہیں۔ پنجاب ہمیشہ سے ادبی رسائل کا مرکز رہا ہے ورنہ نکلنے کو دلی ہی نہیں اردو کے دوسرے مراکز پٹنہ اور حیدرآباد دکن وغیرہ سے بھی پرچے شائع ہوتے تھے۔ ساقی کا ڈھرا الگ رہا، پنجاب میں مسابقت بھی زیادہ رہی۔ ۱۹۳۳ء میں ایک گروپ نے جو نیرنگ خیال کی روح رواں تھا کارواں کے نام سے ایک ہمہ آفریں سالنامہ نکالا۔ اس کے ایڈیٹر مجید ملک تھے جو اب پاکستان کے پرنسپل انفرمیشن آفیسر ہیں۔ اس کا دوسرا سالنامہ ۱۹۳۴ء میں نکلا۔ اب کے ڈاکٹر تاثیر شریک ادارت تھے۔

جن لوگوں نے یہ دونوں سالنامے دیکھے ہیں وہ مانیں گے کہ اردو رسائل کے جلال و جمال کی روایت کو آگے بڑھانے میں کارواں نے کتنا بڑا حصہ لیا ہے۔ اس زمانے میں صوبائی بنیادوں پر ایک لسانی بحث بھی چل نکلی تھی جس میں ایک طرف غالباً ساقی اور اس کے مصنفین کا گروپ تھا اور دوسری طرف کچھ لوگ نیاز مندان لاہور کے نام کے پیچھے مجتمع ہو گئے تھے۔ دونوں طرف سے خوب خوب چوٹیں رہیں۔ جو جتنی پر لطف تھیں اتنی ہی افسوسناک بھی۔ کارواں غالباً نیرنگ خیال کے خاص نمبروں کا توڑ کرنے کے لئے نکالا گیا تھا۔ سچ یہ ہے کہ اس کے بعد نیرنگ خیال میں وہ بات نہ رہی اور وہ روز بروز گرتا گیا۔ غالباً ۱۹۳۶ء میں اس کا مشرقی نمبر نکلا لیکن اتنے میں کچھ اور رسالے جوان ہو گئے تھے اور ادب ادیب لوگ ان کے گرد جمع ہو چلے تھے، ادبی دنیا، تاجور مرحوم کو نقصان اٹھا کے بیچنا پڑا تھا۔ اب یہ ان صلاح الدین احمد کے ہاتھ میں ہے۔ ان کے شریک کار ہمایوں کے سابق ایڈیٹر منصور احمد تھے لیکن فی الواقع اس کا زریں دور میرا جی کی جوائنٹ

ایڈیٹری کے وقت سے شروع ہوا اور قیام پاکستان تک رہا۔ مولانا صلاح الدین احمد نثری مضامین اور افسانوں کا جائزہ لیتے تھے اور اس زمانے کے افسانہ نگاروں کو ابھارنے میں جو بعد میں ادب ہائے آسمان پر چاند اور سورج بن کر چمکے، ان کا بڑا حصہ ہے۔ میراجی کی طبیعت میں اپج اور جدت پسندی کے ساتھ شعر کی تنقیہ کا عجب مذاق رچا ہوا تھا۔ انہوں نے ادبی دنیا کے ذریعے اردو کو ایک نیا اسلوب تنقید دیا۔ ادبی دنیا اپنے وقت کا سب سے سر بر آوردہ پرچہ رہا ہے۔ اور سات آٹھ برس تک تو اس کا یہ عالم رہا ہے کہ فائل میں دوسرے درجے کی کوئی تحریر شاید ہی ملے یہ بات اتنے دعوے سے کسی اور پرچے کے متعلق نہیں کہی جاسکتی۔

مولانا تاجور مرحوم کی یہ کمزوری تھی کہ وہ پرچہ نکالے بغیر نہ رہ سکتے تھے۔ انہوں نے ادبی دنیا کو بیچنے کے بعد شاہکار، نکالا، شاہکار واقعی بڑی آب و تاب سے نکلا۔ سات رنگا ٹائیٹل ہوتا تھا۔ مضامین بھی اچھے خاصے ہوتے تھے۔ لیکن ساقی، ادبی دنیا، اور ادب لطیف والی بات نہ تھی۔ دو چار برس بعد اس کا زوال شروع ہو گیا اور اسے بھی انہوں نے بیچ دیا۔ دراصل مولانا مرحوم کا مزاج اس زمانے کے مزاج سے ذرا الگ واقع ہوا تھا۔ وہ وقت کے نئے تقاضوں کا ساتھ نہ دے سکتے تھے۔ اس دور کے ادیب موضوعی اور تکنیکی دونوں میدانوں میں باغی کہلانا فخر سمجھتے تھے۔ اور تاجور صاحب ہر پرچے میں دو صفحے زبان کی غلطیوں پر صرف کرتے تھے۔

عالمگیر، شبلی بی کام کی ادارت میں ۱۹۴۰ء کے بعد تک بڑی شان سے نکلتا رہا۔ اس کا حلقہ معاونین ذرا مختلف تھا۔ ساقی، ادبی دنیا اور ادب لطیف کے علی الرغم اس پر نئے ادب کا رنگ نہ چڑھا تھا۔ مضامین میں تاریخی مذاق ہمیشہ غائب رہا۔ ادب لطیف کے ایڈیٹر مرزا ادیب اس زمانے میں صحرا نورد کے خطوط کی بدولت مقبول ترین ادیبوں میں شمار ہونے

لگے تھے اور ادب لطیف والوں کا مکتبہ بھی نئے ادب کا قریب قریب سرکاری اشاعت گھر بن گیا تھا۔ پھر مرزا ادیب کے رخصت ہونے کے بعد اسے فیض، راجندر سنگھ بیدی، احمد ندیم قاسمی اور ساحر لدھیانوی جیسے ایڈیٹروں نے بہت کچھ سنوارا۔ اس نے بائیں بازو کے اثرات بھی دوسرے پرچوں کی نسبت زیادہ جذب کئے، جس کا نتیجہ یہ ہوا کہ ادب لطیف ،اردو پرچوں کے لئے ماڈل بن گیا۔ جوش ملیح آبادی کا کلیم غالباً ۱۹۳۶ء میں نکلا اور اس کے ذریعے جوش نے غزل اور روایتی شاعری کے خلاف خوب خوب لڑائیاں لڑیں۔ انجمن ترقی پسند مصنفین ۱۹۳۵ء کے آخر میں وجود میں آئی تھی۔ دوسری جنگ سے کچھ قبل اس کا سرکاری ترجمان نیا ادب شائع ہونا شروع ہوا۔ بعد ازاں کلیم، اور نیا ادب ، ایک دوسرے میں مدغم ہوگئے ، پھر صرف نیا ادب زندہ رہ گیا۔ چونکہ دو پرچے بھی اتنے ہی ترقی پسند لیکن دلچسپی کا سامان زیادہ لئے ہوتے تھے اس لئے نیا ادب کبھی ڈھنگ سے نہ چل پایا۔

۱۹۳۵ء میں یا اس کے لگ بھگ، دلی سے شاہد احمد صاحب نے بھی ایک پرچہ نکالا تھا۔ شاہجہاں کینام سے وہ دلی کی انجمن ترقی پسند مصنفین کی سرکاری ترجمانی کا مدعی تھا۔ لیکن اکثر سرکاری ترجمانوں کا سا حشر اس کا بھی ہوا یعنی چل نہ پایا۔

ہمایوں بھی اب سے بارہ چودہ برس پہلے محض یادِ رفتہ کی حیثیت نہ رکھتا تھا بلکہ بڑے ٹھسے سے نکلتا تھا۔ اس کے بھی ایڈیٹر بدلتے رہے ہیں۔ تاجور تو خیر بہت پہلے یعنی ۱۹۲۱ء یا ۱۹۲۲ء میں رہے جس زمانے کی ہم بات کر رہے ہیں اس زمانے میں منصور احمد جوائنٹ ایڈیٹر تھے۔ بعد ازاں حامد علی خاں بہت برس رہے اور حقیقت یہ ہے کہ حامد علی خاں صاحب کی جوائنٹ ایڈیٹری کے دور میں ہمایوں کو جو شان اور تمکنت نصیب ہوئی وہ اس سے پہلے اور بعد میسر نہ ہوئی۔ اس زمانے میں میاں بشیر احمد بھی آتش جواں تھے اور

مالک ہونے کے ساتھ ساتھ واقعی ایڈیٹر بھی تھے۔ حامد علی خاں صاحب کے جانے کے بعد یوسف ظفر شیر محمد اختر اور مظہر انصاری اسے چلاتے رہے، لیکن ہمایوں کی وضعداری زمانے کا ساتھ نہ دے سکی۔ ناصر کاظمی نے آکر چند جدتیں کیں لیکن معلوم ہوتا ہے یہ صبح دم بالائے بام آنے کی سی بات ہے۔

اس دور کے پرچوں میں شاعر، آگرہ کا ذکر بھی ضروری معلوم ہوتا ہے۔ یہ سیماب اکبر آبادی مرحوم اور ان کے آگرہ اسکول، کا آرگن تھا اور اسمیں بالعموم ان کے شاگردوں کا کلام چھپتا تھا پھر بھی اس کا حلقہ بہت وسیع تھا اور شاعری کے نکات کی تفہیم میں اس سے لوگوں کو بڑی مدد ملتی تھی۔ بہت سے لوگوں نے شروع میں اس کے ذریعے شاعری سیکھی لیکن بعد میں ایسے باغی ہوئے کہ اس ذکر پر بھی محجوب ہوتے ہیں۔ یہ پرچہ آج کل بمبئی سے نکل رہا ہے لیکن اب اس کی حیثیت ہدایت نامہ شعرا کی سی نہیں عام ادبی پرچوں کی سی ہے۔

پچھلے سات آٹھ سال سے شائع ہونے والے رسالوں کا ذکر کرنے سے پہلے ہم پچھلے پچیس سال کے بعد ایڈیٹروں کا ذکر کرنا چاہتے ہیں۔ اس زمانے میں جن لوگوں نے ایڈیٹری کی دنیا میں ہلچل پیدا کی ان میں مولانا صلاح الدین احمد، مولانا حامد علی خاں اور شاہد احمد دہلوی کے نام بہت ممتاز ہیں۔ ان لوگوں نے اردو کا ادیبوں کی ساری نئی نسل دی ہے۔ ان کے ساتھ ساتھ حکیم یوسف حسن صاحب (فی الحقیقت ان کے دوستوں تاثیر۔ مجید ملک وغیرہ وغیرہ) اور منصور احمد مرحوم کے نام آتے ہیں۔ میراجی بھی اس میدان میں منفرد حیثیت رکھتے ہیں۔ بعد کے ایڈیٹروں میں ادب لطیف کے مرزا ادیب کے علاوہ احمد ندیم قاسمی کا ذکر ضروری ہے جو ادب لطیف کے کئی برس تک ایڈیٹر رہے، اور بعد میں سویرا اور نقوش کے موسس مدیر بنے جو اس وقت بھی اردو کے چوٹی کے رسالے ہیں۔

سویرا، داں، لطیف کی پسلی سے نکلا تھا لیکن اجتہاد کا علم لئے اس کی بغاوتیں آگے چل کر دوسروں کی دائیں بنیں۔ قطع کلام ہوتا ہے لیکن بات واضح کرنی ضروری ہے۔ ادیبوں کے ناموں کے لکھنے کے اوضاع سے لے کر مضامین کی ترتیب تک میں بہت تبدیلیاں ہوئی ہیں۔ کبھی نام مضمون کے نیچے لکھا جاتا تھا اب اوپر لکھا جانے لگا۔ پھر سرخی کے نیچے آگیا۔ کبھی داہنے کونے میں کبھی بائیں ہاتھ۔ عالمگیر تو سرخی کے ساتھ بیل بوٹے بھی بناتا تھا اور توضیحاً ایک اخلاقی نظم ایک علمی مقالہ وغیرہ کی ذیلی سرخی دیتا تھا تا کہ کہیں کچھ اور نہ سمجھ لیا جائے۔ ادیب بھی اپنے نام کے ساتھ القاب اور ڈگریاں دھوم دھام سے لکھتے ہیں۔ بی، اے اور ایم۔ اے تو نام کے ساتھ لکھنے کا رواج ابھی حال تک رہا اور ہمایوں کو اس کا خاص لحاظ رہتا تھا۔ لیکن لوگ اپنے عہدے اور پیشے تک لکھدیتے تھے مثلاً زاہد حسن بی۔ اے نائب تحصیلدار وغیرہ۔ پھر ایک زمانے میں قلمی ناموں کی اور پھر خوبصورت مرکب ناموں کی ریل پیل ہوئی، ترتیب میں نظموں، افسانوں اور مقالوں کے فنکشن الگ کرنا اب ایک عام رواج ہے۔ لیکن میرے خیال میں اس کی ابتدا ۱۹۴۶ء میں سویرا نے کی۔ سویرا کا ہمارے ادب میں اب بھی بہت اونچا مقام ہے لیکن اس کی آغاز اشاعت کے وقت تو معیار اور حسن ترتیب میں اس کا کوئی رقیب نہ تھا۔ پھر عسکری اور منٹو نے اردو ادب نکالا جو سیٹھ کی بہی کی طرح کھلتا تھا لیکن خدا جانے کیوں نہ چلا، اس کی دیکھا دیکھی اسی سائز پر جاوید نکلا۔ ریاض قادر اور ناصر کاظمی نے اوراق نو کی صورت میں ایک صوری عیاشی کی۔ پرچہ بہت نفیس نکلا لیکن دیکھنے والوں نے شروع ہی میں اعلان کر دیا تھا کہ صاحبزادے جوان ہوتے نظر نہیں آتے۔ میرا جی نے بمبئی سے خیال نکالا تھا جس پر میرا جیت کی گہری چھاپ تھی۔ بعد میں اختر الایمان بھی ادارت مین شریک ہوئے لیکن اس خیال کو میرا جی سے بھی پہلے موت آگئی۔ لاہور سے انتظار حسین نے اسی نام سے پرچہ نکالا اور کی

اٹھان بڑی زبردست تھی لیکن اب اس سے تین شمارے اور ایک لطیفہ یادگار ہے اور بس۔ انتظار نے غالباً نقوش والوں کو جلانے کے لئے یہ فقرہ اشتہار میں لکھ دیا تھا کہ خیال ایک ایسا پرچہ ہے جس کا ایڈیٹر بھی ہوگا۔ اور واقعی ادارت کے سلیقے کی وجہ سے ان کی بات ماننی پڑی لیکن مالک غالباً اس کمائی سے لاکھوں میں کھیلنا چاہتا تھا۔ پرچہ بند ہوا اور ایک درست نے کہا کہ خیال بند ہونے سے یہ بھی ثابت ہو گیا کہ اس پرچے کا ایڈیٹر کے علاوہ ایک مالک بھی تھا۔ پشاور سے فارغ بخاری اور رضا ہمدانی بڑی ہمت سے سنگ میل نکالتے رہے۔ اور انہوں نے بڑے اچھے عام اور خاص نمبر پیش کئے۔ اس پرچے کی افتاد طبع بھی ترقی پسند تھی عارف عبدالمتین نے ماہنامہ ماحول نکالا جو سالنامہ ہو کر رہ گیا ہے۔ نقوش غالباً اردو کے پرچوں میں اب سب سے زیادہ مقبول ہے اور واقعی بڑے ٹھاٹ سے نکلتا ہے۔ ابتدا میں محمد طفیل کے علاوہ احمد ندیم قاسمی اور ہاجرہ مسرور ایڈیٹر تھے پھر کچھ ایسا پیچ پڑا کہ صرف محمد طفیل رہ گئے اور ادارت میں وقار عظیم کا نام اوپر آنے لگا وہ بھی گیا اور ثبات صرف محمد طفیل کے حصے میں آیا۔ اتنا اچھا پرچہ نکالنا اتنی بڑی خوبی کی بات نہیں۔ لیکن اسے باقاعدہ نکالنا بڑی بات ہے۔ ممتاز شیریں اور صمد شاہین کئے نیا دور کا تذکرہ اس سے پہلے آنا چاہئے تھا۔ یہ پرچہ ۱۹۴۶ء میں بنگلور سے نکلا۔ اور پنگوئن نیو رٹینگ کے ماڈل پر تھا۔ انہوں نے بہت جلد اردو کے بیشتر اچھے ادیبوں کو دامن میں سمیٹ لیا۔ اس وقت اس کی روش سرکاری ترقی پسند تحریک سے چنداں الگ نہ تھی، لیکن کراچی منتقل ہونے کے بعد کچھ ترقی پسند آگے بڑھے اور کچھ نیا دور کے ایڈیٹر پیچھے ہٹے۔ نہ صرف فصل پیدا ہوا بلکہ خاصی ٹھن بھی گئی۔ وہ انہیں رجعت پسند کہتے تھے اور انہیں ان کی پاکستانیت کے متعلق شکوک تھے۔ کراچی میں آنے کے بعد پہلے سی باقاعدگی بھی اشاعت میں نہ رہی اور غالباً ۱۹۵۲ء میں یہ پرچہ بھی مرحوم ہوا۔ اس کے جتنے نمبر نکلے

خوب نکلے۔ اس کی مقبولیت میں ممتاز شیریں کے سالانہ ادبی جائزوں کا خاص دخل تھا۔

دکن ہمیشہ سے اردو کا ایک اہم مرکز رہا ہے۔ اور حیدر آباد سے متعدد ادبی رسالے نکلتے رہے ہیں اور اب بھی نکلتے ہیں لیکن حقیقت یہ ہے کہ ان میں سے ایک دو کے سوا کوئی معیار اور شان میں شمالی ہند کے رسالوں کی برابری کا مدعی نہیں ہو سکتا۔ سب رس، حیدر آباد کے پرانے پرچوں میں سے ہے اور اس نے مختلف مدیروں کے زمانے میں مختلف رنگ بدلے ہیں۔ آج کل یہ نجمہ سمیع اور سلیمان ادیب وغیرہ کی ادارت میں شائع ہو رہا ہے اور رجحان کے اعتبار سے ترقی پسند ہے۔ اگرچہ اس کے مضمون نگاروں کا دائرہ اب بھی بڑی حد تک مقامی ہے تاہم اب یہ ترقی کر رہا ہے اور اس کے خاص نمبر تو بالخصوص خاصے وقیع ہوئے ہیں۔

تقسیم کے بعد افکار بھی بھوپال سے کراچی آ گیا اور اب تک صہبا لکھنوی کی ادارت میں کامیابی سے نکل رہا ہے۔ کراچی کے پرچوں میں اختر انصاری اکبر آبادی کا مشرب بھی ترقی کر رہا ہے اور اسے اچھے ادیبوں کا تعاون حاصل ہے۔

نوائے وقت کے ایڈیٹر حمید نظامی اب مشہور صحافی ہیں ایک زمانے میں مشہور ادیب تھے۔ انہوں نے ۱۹۴۹ء میں مخزن کو زندہ کیا اور ادارت کے لئے حامد علی خاں کو بلایا۔ افسوس یہ پرچہ چل نہ سکا اور اب تو یہ نظر آتا ہے کہ اس نام کا پرچہ کبھی نہ چلے گا۔ حامد علی خاں نے الحمرا نکالا۔ اس کا کردار عام ادبی پرچوں سے الگ ہے اور اس میں آج کا رنگ کم ہے آج سے بیس برس پہلے کا اندازہ زیادہ۔ ساقی کی طرح اس کی فہرست مضامین بھی سکہ بند ہو چلی ہے اور بعض نام صرف یہیں نظر آتے ہیں۔ اس پر سنجیدگی اور علمیت کا زیادہ غلبہ ہے جو مبارک ہے لیکن کبھی کبھی یہ کہنگی اور فرسودگی کے درجے کو پہنچ جاتا ہے۔ بہر حال اس کا حلقہ الگ ہے، یہ عندلیب شادانی کا خادرد (ڈھاکہ) بھی علمی شان کا

ماہنامہ تھا غالباً بے قدری کی وجہ سے بند ہو گیا۔

جنگ کے دنوں میں حکومت ہند نے دہلی سے ایک نیم ادبی نیم سیاسی پندرہ روزہ پرچہ آج کل کے نام سے نکالا تھا۔ پہلے یعقوب دواشی اس کے ایڈیٹر تھے پھر وقار عظیم صاحب آ گئے۔ اس کا معیار اچھا خاصا تھا اور یہ اپنی صوری خوبیوں اور کم قیمتی کی وجہ سے بہت مقبول بھی ہوا۔ قیام پاکستان کے بعد کراچی سے حکومت نے ماہِ نوا کے نام سے جو ماہنامہ وقار عظیم صاحب ہی کی ادارت میں نکالا اس کا شروع میں تو خیر آج کل ہی کا سا ہنجار تھا۔ لیکن بعد میں ادبی اور علمی رنگ زیادہ چڑھا اور روز بروز زیادہ ہوتا گیا۔ وقار عظیم کے بعد کچھ دنوں محمد حسن عسکری اس کے ایڈیٹر رہے پھر رفیق خاور ہوئے، پرچہ خوب صورت ہوتا تھا اور سرکاری پرچہ ہونے کی وجہ سے اچھے ادیبوں کے اچھے مضامین حاصل کرنے میں اسے زیادہ دشواری نہیں ہوئی۔ گزشتہ سال سے کراچی سے آرٹ پیپر پر سیارہ نام کا ایک رسالہ نکلنا شروع ہوا ہے۔ یہ بڑی حد تک ادبی ہے اور اب آ کے تو جلال و جمال دونوں اعتبار سے پہلے سے کہیں زیادہ ترقی کر گیا ہے۔ ادارے میں محمد حسن عسکری اور سلیم احمد کے نام ہیں۔ اگر یہ پرچہ محض ذہنی عیاشی نہیں اور اپنا خرچ نکال سکتا ہے تو دوسرے رسائل کے لئے نشان راہ ثابت ہو سکتا ہے۔

اب ہم ہندوستان کے ایک دو پرچوں کا ذکر کریں گے۔ ساحر لدھیانوی نے ۱۹۴۸ء میں دلی سے شاہراہ نکالا خود تو وہ حسب عادت اس کے چند شمارے بڑے ٹھاٹ سے نکال کے بمبئی چلے گئے بعد میں پرکاش پنڈت اسے کئی برس تک ترقی پسند مصنفین کے نیم سرکاری آرگن کے طور پر کامیابی سے چلاتے رہے۔ آخر میں وہ شاہراہ سے رخصت ہو کر دوماہی فنکار کے ایڈیٹر ہوئے اور شاہراہ سے رخصت ہو کر دوماہی فنکار کے ایڈیٹر ہوئے اور شاہراہ نے ایک سال میں چار ایڈیٹر بدلے۔ پہلے مخمور جالندھری آئے پھر دامق

آہوزی اب ظ الفاری ہیں اور انہوں نے اس میں بعض طباعتی جدتیں پیدا کی ہیں۔ فنکار دو ماہی بڑا ہونہار ہے لیکن سویرا کی طرح بے قاعدگی کا روگ اس کے ساتھ بھی لگا ہوا ہے۔

ان پچیس برس میں دنیا بدل گئی۔ اگر ہمارے جائزے کے سال اول کے بہترین نمائندہ پرچے نیرنگ خیال، ساقی اور عالمگیر وغیرہ تھے تو آج یہ پدوی سویرا، نقوش اور فنکار وغیرہ کو حاصل ہے۔ کل خدا جانے کیا رنگ ہو۔ اس مختصر اور نامکمل جائزے سے اگر ایک اجمالی تصویر (Sketch) اسکیچ بھی قاری کی نظر کے سامنے آجائے تو بہت ہے ورنہ اگر واقعی اس زمانے کے سارے پرچوں کے فائل سامنے رکھ کے بالاستیعاب جائزہ لکھا جائے تو ایک کتاب پر محیط ہو سکتا ہے۔ پھر ہم نے ہفت روزہ ادبی پرچوں کو لیا ہی نہیں نہ علمی پرچوں کے متعلق تفصیل سے کچھ لکھا ہے۔ ادیبوں کا کون سا کارواں کب آیا، کس طرح آیا اور کب گزر گیا۔ اس کی حکایت بھی لذیذ لیکن بہت دراز ہے۔ یہ ہے کہ ہر پرچہ کی تاریخ الگ لکھی جائے اور تفصیل اس میں آجائے، اس وقت تو یہ احساس ہو رہا ہے کہ تھوڑا سمیٹا گیا ہے اور بہت رہ گیا ہے بہر حال آپ بھی زندہ ہیں اور ساقی بھی اور خدا نے چاہا تو ہم بھی۔

ماخوذ: ماہنامہ "ساقی" (کراچی)۔ شمارہ: جوبلی نمبر ۱۹۵۵۔

25 years of Urdu literary magazines, Essay by: Ibn-e-Insha

***

۱۰

جموں و کشمیر میں اردو خود نوشت: ایک جائزہ

پرشوتم پال سنگھ

ریاست جموں و کشمیر مناظر فطرت کے اعتبار سے اپنی مثال آپ ہے۔ جس کو ہندوستان کا تاج بھی کہا جاتا ہے۔ جہاں قدرت نے اس ریاست کو حسین و دلفریب مناظر سے نوازا ہے وہیں اعلی پایہ کے ادباء، شعرا، رشی، منی اور صوفی سنت بھی پیدا کئے ہیں۔ جہاں تک اس ریاست میں اردو زبان و ادب کا تعلق ہے تو اس سلسلے میں یہ ریاست ہندوستان کی دیگر ریاستوں سے ممتاز حیثیت کی مالک ہے کیوں کہ یہ ہندوستان کی واحد ریاست ہے جہاں اردو زبان کو ریاستی آئین کی رو سے سرکاری زبان کا درجہ حاصل ہے۔ ریاست جموں و کشمیر میں جہاں ناول نگار، افسانہ نگار وغیرہ موجود ہیں وہیں اردو ادب کی دیگر اصناف شعر و ادب میں بھی ایسے فنکار جابجا دیکھنے کو ملتے ہیں جنہوں نے اردو شعر و ادب کو ترقی کی طرف گامزن کیا۔

اگر خود نوشت سوانح عمری کے حوالے سے بات کی جائے تو یہاں بھی سوانح عمریاں لکھنے والوں کی تعداد کافی ہے۔ جنہوں نے اپنی سوانح عمریوں کو اس طرح صفحہ قرطاس پر لایا ہے، جو حقیقت پر مبنی ہیں۔ اب تک ریاست جموں و کشمیر میں جو خود نوشتیں وجود میں آئی ہیں، ان میں شیر کشمیر شیخ محمد عبداللہ کی "آتش چنار"، شورش کاشمیری کی "بوئے گل

نالہ دل دود چراغ"، بیگم ظفر علی کی "مرے شب و روز"، قدرت اللہ شہاب کی "شہاب نامہ "ڈی ڈی ٹھاکور کی "یادوں کے چراغ"، چوہدری غلام عباس کی "کشمکش"، ڈاکٹر کرن سنگھ کی "سفر زندگی"، سید علی شاہ گیلانی کی "وُلر کنارے"، پروفیسر شہاب عنایت ملک کی "یادوں کے لمس "اور حامدی کاشمیری کی "رہگزر در رہگزر" قابل ذکر ہیں۔

اگر ریاست جموں و کشمیر میں اردو آپ بیتی کی تاریخ کے حوالے سے بات کی جائے تو معلوم ہوتا ہے کہ منشی محمد دین فوق کی تصنیف "سرگذشت فوق" ریاست کی پہلی خودنوشت سوانح حیات ہے۔ اگرچہ یہ خودنوشت زیور طبع سے آراستہ نہ ہوئی مگر اس کا مسودہ بحوالہ علیم الدین سالک، مولوی محمد عبد اللہ قریشی کے پاس موجود ہے۔

یہ تصنیف کب لکھی گئی اس کا ذکر تو کہیں نہیں ملتا البتہ محمد دین فوق کی وفات ۱۹۴۵ء میں ہوئی۔ اس طرح یہ آپ بیتی ۱۹۴۵ء سے پہلے کی تصنیف ہے۔ اس سے قبل کسی دوسری آپ بیتی کا کوئی سراغ نہیں ملتا ہے۔ مصنف کی آپ بیتی "سرگذشت فوق" نہ صرف اسلئے اہم ہے کہ وہ ریاست جموں و کشمیر میں اردو خودنوشت کا پہلا نمونہ ہے بلکہ اس لیے بھی کہ فوق صاحب نے ایک سیاح کی حیثیت سے پنجاب، راجپوتانہ کی ریاستوں، بنگال، وسط ہند اور کشمیر سمیت دور دور تک سفر کیا تھا جس کی وجہ سے اس دور کے مہاراجوں کی ریاستوں کی صورت حال ان کی خودنوشت میں ملتی ہے۔ ڈاکٹر علیم الدین سالک "سرگذشت فوق" کے بارے میں یوں رقم طراز ہیں:

اس آپ بیتی کی سب سے بڑی خوبی یہ ہے کہ فوق صاحب خود اس کا مرکزی کردار ہیں۔ وہ ایک منٹ کے لئے بھی اس بات کو فراموش نہیں کرتے کہ وہ اپنی سرگذشت لکھ رہے ہیں۔ لیکن اس کے باوجود جو شخص ان سے ملا، اس کا تذکرہ انہوں نے اس انداز سے کیا کہ اس کی خوبیاں نمایاں ہو جاتی ہیں اور وہ زندہ جاوید ہو جاتا ہے۔ ان کے بیان میں

متانت اور سنجیدگی ہے۔ وہ مبالغہ آرائی سے کام نہیں لیتے مگر حقیقت کو ایسے انداز سے بیان کرتے ہیں کہ اس میں افسانے کا مزہ آتا ہے۔ ان کی زندگی میں حیرت انگیز انقلابات ہندوستان میں آئے۔ کئی تحریکیں ابھریں، جماعتیں بنیں اور بگڑیں، پرانی قدریں مٹیں اور نئی بستیاں آباد ہوئیں۔ ان سب کا ذکر اور اثر آپ کی زندگی کی ہر منزل میں نظر آتا ہے۔

(بحوالہ: علیم الدین سالک مشمولہ نقوش آپ بیتی نمبر، ص:۵۹)

ڈاکٹر اجمل نیازی "سرگذشت فوق" کے حوالے سے لکھتے ہیں:

"سرگذشت فوق" آپ بیتی اور جگ بیتی کا ایک دلچسپ امتزاج ہے۔ اس میں علامہ اقبال کے علاوہ مولانا عبد الحلیم شرر، مولانا حالی، داغ دہلوی، محمد حسین آزاد، اکبر الہ آبادی، ابو الکلام آزاد، ظفر علی خان، خواجہ حسن نظامی، آغا حشر کاشمیری اور کئی دوسرے اہل علم اور اہل قلم حضرات کے ساتھ فوق کی ملاقاتوں اور خط و کتابت کو تفصیل سے بیان کیا گیا ہے۔ اس طرح ان کے زمانے کے فکری رجحانات اور ذاتی خیالات کو سمجھنے میں مدد ملتی ہے۔

(بحوالہ: فوق الکثیر۔ ص:۱۹)

مختصراً ۱۹۴۷ء سے پہلے ریاست میں آپ بیتی کا آغاز ہو تو چکا تھا مگر یہ ابتدائی مرحلے میں تھی۔ لہذا جموں و کشمیر میں ہم اسے اردو خودنوشت کا ابتدائی زمانہ کہہ سکتے ہیں۔ اس کے بعد جو آپ بیتی منظر عام پر آئی ہے وہ ہے: آتش چنار۔

آتش چنار - بابائے قوم شیر کشمیر شیخ محمد عبد اللہ کی معرکتہ الآرا اس تصنیف کے اب تک جو ایڈیشن شائع ہوئے ہیں ان میں پہلا ایڈیشن ۱۹۷۶ء میں علی محمد اینڈ سنز سرینگر (کشمیر) اور دوسرا ۲۰۰۸ء میں گلشن بک (سرینگر) سے منظر عام پر آیا۔ ۲۳-۷

ابواب پر منقسم اور ۷۰۵ صفحات پر مشتمل یہ تصنیف ریاست جموں و کشمیر کے سابق وزیر اعظم اور وزیر اعلیٰ شیر کشمیر شیخ محمد عبداللہ کی خودنوشت سوانح عمری ہے۔ شیر کشمیر شیخ محمد عبداللہ کی زندگی ایک کھلی کتاب ہے، انہوں نے سیاسی اسٹیج پر جو اہم کردار ادا کیا ہے اس کی بدولت ان کی شخصیت برصغیر ہند و پاک کی تاریخ میں ایک سنگ میل کی حیثیت رکھتی ہے۔

ماخوذ از کتاب: جموں و کشمیر میں اردو خودنوشت: تحقیق و تنقید۔ پی۔ ایچ۔ ڈی مقالہ از: پرشوتم پال سنگھ (گائڈ: پروفیسر سکھ چین سنگھ)، جموں یونیورسٹی، جموں و کشمیر۔ (شعبہ اردو، ۲۰۱۷)

Urdu Autobiography in Jammu & Kashmir, Research Essay: Parshotam Paul Singh.

***

۱۱

اردو طنز و مزاح میں علی گڑھ کا حصہ

سید نفیس احمد ضمیر احمد

اردو طنز و مزاح میں علی گڑھ کا بھی قابل قدر حصہ ہے۔

اس فہرست میں سب سے پہلے سر سید اور ان کے معاصرین کا ذکر ہونا چاہیے۔ سر سید کے یہاں طنز کے نہایت لطیف نشتر کے علاوہ مزاح کے نمونے بھی موجود ہیں۔ سر سید کی یہ ظرافت اس وقت مزید نکھر کر سامنے آتی ہے جب وہ اپنے مخالفین کا طنزیہ و مزاحیہ انداز میں جواب دیتے ہیں۔ بعض اوقات مذہبی موضوعات پر بھی انہوں نے مزاحیہ انداز میں اظہار خیال کیا ہے۔

شبلی کی سیاسی نظموں میں طنز زیادہ ہے۔ شبلی کی ان نظموں کا موضوع ہنگامی واقعات تھے۔ یہ صحیح ہے کہ شبلی کے یہاں طنز و تعریض کے عناصر زیادہ ہیں اور مزاح و ظرافت کم ہے مگر ایسا بالکل نہیں کہ ان کے مزاج میں شوخی اور شگفتگی نہیں۔

شبلی کے مکاتیب میں شگفتگی بیان کے ساتھ ہی چھوٹے چھوٹے طنزیہ جملے ملتے ہیں جو ان کے خطوط کو دلچسپ بناتے ہیں۔ اس انداز بیان کی وجہ سے ان کے خطوط میں بے تکلفی بھی پیدا ہو جاتی ہے، اور بے ساختگی بھی جو ایک قسم کے جوشِ جمال کے ساتھ ابھرتی اور تحریر کو دلکش بناتی ہے اور جب یہ بے ساختگی اپنی تمام تر فن کاری کے ساتھ

طنزیہ پیرائے میں ظاہر ہوتی ہے تو تحریر اور بھی حسین ہو جاتی ہے۔

حالی نے اپنے مقالات میں بھی قوم کی اصلاح کے لیے طنزیہ پیرایہ استعمال کیا ہے۔ ان کے یہاں طنز کبھی کبھی شدت بھی اختیار کر لیتا ہے۔ مزاح کا مقصد ان کے نزدیک کسی کی خامی پر ہنسنا، کسی پر کیچڑ اچھالنا نہیں ہے۔ وہ ایسے مزاح کو نامناسب سمجھتے ہیں۔ انہوں نے اپنے ایک مضمون "مزاح" میں اس پر تفصیل سے لکھا ہے اور اودھ پنچ کے رویے کو ناپسند کیا ہے۔ حالی صحت مند طنز و مزاح کے طرف دار تھے اور اس سے قوم یا فرد کی اصلاح چاہتے تھے۔ وہ چاہتے تھے کہ کسی کے احساسات کو ٹھیس بھی نہ لگے اور ہنسی مذاق میں کام کی بات کہہ دی جائے۔ اس کے لیے وہ لطیفوں یا مثالوں کا سہارا لیتے ہیں۔

طنز ان کی نثر کے مقابلے میں شاعری میں زیادہ ہے۔ قوم سے زیادہ تر خطاب بھی انہوں نے اپنی نظموں اور رباعیوں میں کیا ہے اور قوم کی اخلاقی گراوٹ اور بدحالی کو طنزیہ پیرائے میں بیان کیا ہے مگر یہاں بھی اکثر جگہ حکایتی یا تمثیلی انداز غالب رہا ہے۔

اس طرح نذیر احمد نے طنز کے ساتھ مزاح کو بھی استعمال کیا ہے۔ معاشرے کی ظاہر داری اور نمائشی زندگی کو نشانہ بنانے کے لیے نذیر احمد نے مرزا ظاہر دار بیگ جیسے کردار کو پیش کیا ہے۔

نذیر احمد اگرچہ طنز و مزاح نگار ہیں لیکن ان کی تحریروں میں طنز و مزاح کے عمدہ نمونے موجود ہیں۔ نذیر احمد نے اپنے ناولوں کے ذریعے متوسط طبقے کی گھریلو زندگی کو ہمارے سامنے رکھا اور اس دور کی ناہمواریوں کی اصلاح کے لیے طنز و مزاح کا حسب ضرورت استعمال کیا۔

شگفتہ بیانی کا یہ سلسلہ مابعد سرسید بھی جاری رہا اور مولوی عبدالحق، وحید الدین سلیم، سجاد انصاری، مولانا ظفر علی خاں اور سلطان حیدر جوش وغیرہ نے کم و بیش طنزیہ و

مزاحیہ ادب کے اچھے نمونے پیش کیے۔

"چند ہم عصر" مولوی عبدالحق کے لکھے گئے خاکوں کا مجموعہ ہے جس میں خاکہ نگاری کے اعلی نمونے دیکھنے کو ملتے ہیں۔ عبدالحق نے اس مجموعہ میں ان شخصیتوں کا خاکہ پیش کیا جن سے انھیں دلی لگاؤ تھا۔ ان خاکوں میں ظرافت بھی جگہ جگہ موجود ہے۔ وہ بڑی سادگی سے طنز کے وار بھی کر جاتے ہیں۔

سید آل عبا آوارہ کی تحریریں شگفتہ نگاری کا عمدہ نمونہ ہیں۔ ان کی طنزیہ و مزاحیہ تحریروں کے نمونے، ان کی تین مشہور تصانیف "بے پر کی"، "اپنی موج میں" اور "میرا فرمایا ہوا" میں دیکھنے کو ملتے ہیں۔ زبان و بیان پر انہیں دسترس حاصل ہے۔ وہ لفظوں کے پارکھ ہیں اور ہمیشہ عالمانہ زبان لکھتے ہیں۔ ان کے جملے ترشے ترشائے ہوئے ہیں۔ انہوں نے اپنے اردگرد کے ماحول اور افراد کو طنز کا نشانہ بنایا ہے۔

سجاد انصاری کو "ادب لطیف کا فلسفی" کہا گیا ہے۔ وہ مزاح کے بجائے طنز سے کام لیتے ہیں۔ "محشر خیال" کے مضامین مثلاً محبت کی ماہیتِ نفسی، عفت نسوانی، پیامِ زلیخا، اجتہاد و تحقیق، عورت، صوفی اور روزِ جزا وغیرہ میں ان کے طنز کے نشتر دیکھنے کو ملتے ہیں۔

مولانا ظفر علی خاں نامور صحافی ہونے کے ساتھ ساتھ ایک اچھے شاعر بھی تھے۔ ان کی سیاسی نظمیں طنزیہ شاعری کا عمدہ نمونہ ہیں۔ انہوں نے پہلی جنگ عظیم سے لے کر دوسری جنگ عظیم تک کے سارے

ہنگامی حالات دیکھے تھے۔ یہی سیاسی حالات ان کی طنزیہ شاعری کے موضوع بنے۔

اسی طرح نثر میں بھی مولانا ظفر علی خاں نے بعض موقعوں پر طنزیہ و مزاحیہ انداز بیان اختیار کیا ہے۔ "ایڈیٹر کا حشر" اگرچہ ایک ڈرامہ ہے لیکن طنز کے نشتر یہاں بھی موجود ہیں۔

سلطان حیدر جوش کے طنزیہ و مزاحیہ مضامین بھی قابل ذکر ہیں۔ انہوں نے نہ صرف سماج کی دکھتی رگوں پر انگلی رکھی ہے بلکہ مغربی تہذیب کو اپنانے والوں پر گہرا طنز بھی کیا ہے۔ سلطان حیدر جوش کے مضامین کے مجموعوں "جوش فکر" اور "فسانۂ جوش" میں طنز و مزاح کے عمدہ نمونے ملتے ہیں۔

رشید احمد صدیقی نے اپنی طنزیہ و مزاحیہ تحریروں میں اسلوب کی شگفتگی اور حسن بیان سے قابل قدر اضافہ کیا اور طنز و مزاح کی صنف کو بلندی پر پہنچا دیا۔ وہ قول محال کا بہ کثرت استعمال کرتے ہیں۔ وہ بات سے بات نکالنے، نئی بات پیدا کرنے اور خوش دلی سے زندگی کی دشواریوں پر فتح پانے میں یقین رکھتے ہیں۔ ان کا طنز ہر اس چیز پر ہوتا ہے جو فرد کی آزادی، سکون اور آسودگی کو تباہ کرنے والی ہو۔

رشید احمد صدیقی نے اپنی طنزیہ و مزاحیہ تحریروں میں علی گڑھ کی اقامتی زندگی کا اکثر ذکر کیا ہے۔ بلکہ ان کی زیادہ تر تحریروں میں علی گڑھ کسی نہ کسی شکل میں آ ہی جاتا ہے۔ ان کی تحریروں پر علی گڑھ کا ایسا اثر ہوا کہ دونوں باہم آمیز ہو گئے۔

رشید احمد صدیقی محض واقعات سے مزاح پیدا نہیں کرتے بلکہ اپنی تحریروں میں معنوی وسعت بھی پیدا کرتے ہیں۔ رشید احمد صدیقی نے مزاح کے لیے کرداروں کا بھی سہارا لیا ہے۔ ان کے بیشتر کردار ایسے ہیں جن کا کوئی نام نہیں بلکہ پیشوں اور گروہوں کی نمائندگی کے طور پر سامنے آتے ہیں۔

رشید احمد صدیقی کے معاصرین میں احمد جمال پاشا کا نام اہمیت کا حامل ہے۔ ان کی ابتدائی تحریروں میں مزاح کا عنصر زیادہ ہے لیکن بعد میں انہوں نے طنز سے بھی خوب کام لیا۔

احمد جمال پاشا نے زندگی کی ناہمواریوں کو طنز و مزاح کے سانچے میں ڈھال کر طنزیہ

و مزاحیہ ادب میں قابل قدر اضافہ کیا۔ وہ فطری طور پر مزاح نگار ہیں۔ ان کا مشاہدہ گہرا ہے اور وہ مشاہدے کو طنز و مزاح کی شکل میں پیش کرنے کا ہنر جانتے ہیں۔

احمد جمال پاشا نے پیروڈی کے ذریعے بھی طنز و مزاح کے عمدہ نمونے پیش کیے ہیں۔ انہوں نے اردو کے کئی مشہور ادیبوں کے اسلوب کی دلچسپ پیروڈی کی ہے۔ مضمون "کپور ایک تحقیقی و تنقیدی مطالعہ "اس کی بہترین مثال ہے جس میں انہوں نے رشید احمد صدیقی، احتشام حسین، کلیم الدین احمد، عبادت بریلوی اور قاضی عبد الودود کے اسالیب کی پیروڈی پیش کی ہے اور ان کی تحریر کی خامیوں کو طنز و مزاح کے ذریعے اجاگر کیا ہے۔

دور حاضر کے قابل ذکر مزاح نگاروں میں مشتاق احمد یوسفی سر فہرست ہیں۔ ان کی تحریریں کبھی تبسم زیر لب پیدا کرتی ہیں کبھی بے ساختہ ہنسنے پر مجبور کرتی ہیں، کبھی غور و فکر کی دعوت دیتی ہیں اور کبھی آنکھیں نم کر دیتی ہیں۔ انہوں نے کسی کی دل آزاری نہیں کی اور نہ ہی ہجویہ انداز اختیار کیا۔

مشتاق احمد یوسفی نے بالترتیب چار کتابیں چراغ تلے، خاکم بدہن، زر گزشت اور آب گم لکھ کر اردو کے طنزیہ و مزاحیہ ادب کے سرمایے میں گراں قدر اضافہ کیا ہے۔ مشتاق احمد یوسفی کے مجموعے "چراغ تلے"، "خاکم بدہن"، "زر گزشت" اور "آب گم" کے جائزے کے بعد یہ بات واضح ہوتی ہے کہ یوسفی نے اپنے تجربات اور گہرے مشاہدات سے طنز و مزاح کے بہترین نمونے پیش کیے۔ اس کے لیے اکثر جگہ وہ اپنے کرداروں کا سہارا لیتے ہیں۔ ان کے ذریعے تہذیب کے نشیب و فراز کو فنی چابک دستی کے ساتھ اس طرح پیش کرتے ہیں کہ معاشرے کے روشن اور تاریک دونوں پہلوؤں پر ہماری نظر پڑتی ہے۔

بشمول مشتاق احمد یوسفی، علی گڑھ سے وابستہ جن قلم کاروں کا اوپر ذکر ہوا ہے، ان کے فن پاروں کے مطالعے کی روشنی میں ہم کہہ سکتے ہیں کہ طنز و مزاح کے فروغ میں دانش گاہِ علی گڑھ نے اہم کردار ادا کیا ہے۔

ماخوذ از کتاب: اردو طنز و مزاح میں علی گڑھ کا حصہ۔ پی۔ ایچ۔ڈی مقالہ از: سید نفیس احمد ضمیر احمد (گائڈ: ڈاکٹر محمد قمر الھدیٰ فریدی)۔ علی گڑھ مسلم یونیورسٹی، اتر پردیش۔ (شعبہ اردو، ۲۰۰۹)

Aligarh's contribution in Urdu Humour & Satire, Research Essay: Sayed Nafis Ahmed Zameer Ahmed.

***

۱۲

کریم الدین مراد: گل بکاؤلی کا ڈراما نگار

سید وقار عظیم

کریم الدین مراد بریلوی (جنہیں بعض اوقات کریم الدین کریم بھی کہا گیا ہے) کے حالات مختلف مآخذ سے ہم تک پہنچے ہیں۔ ان حالات میں بعض حیثیتوں سے اتنا اختلاف ہے کہ صحیح نتیجے تک پہنچنے کے لئے ان کا تجزیہ ضروری ہے۔ حالات کا جو ماخذ اس وقت سب کی نظر کے سامنے ہے، وہ ڈاکٹر عبدالعلیم نامی کی کتاب 'اردو تھیٹر' ہے۔

"اردو تھیٹر" کی جلد دوم (صفحہ ۱۶۰،۱۵۹) میں نامی صاحب نے مراد کے متعلق جو چند سطری معلومات فراہم کی ہیں، وہ یہ ہیں:

کریم الدین نام، مراد تخلص، ۱۸۴۲ء میں بریلی میں پیدا ہوئے۔ عربی و فارسی کی اعلیٰ تعلیم حاصل کی اور مدرسۃ العلوم بریلی سے فاضل درس ہوئے۔ بعدہ ایک مقامی مدرسے میں مدرسی کے فرائض انجام دینے لگے۔ غالباً اسی زمانے میں مختلف سازوں اور موسیقی میں کافی مہارت حاصل کی۔

۱۸۸۲ء میں جب دادا بھائی رتن جی ٹھونٹھی نے وکٹوریہ ناٹک منڈلی سے علیحدہ ہو کر بمبئی ناٹک منڈلی قائم کی اور اندر سبھا پیش کرنے کا ارادہ کیا تو ان کو یہ خیال گزرا کہ اگر اردو ڈرامے اصل اور صحیح اصول پر پیش کئے جائیں تو کافی فائدہ ہو سکتا ہے۔ چنانچہ ٹھونٹھی

نے پستن جی کو یو۔ پی اور دہلی کے دروازے پر روانہ کیا۔ بریلی میں ان کی ملاقات مولوی کریم الدین سے ہوئی، جو ہر فن میں طاق تھے۔ بستن جی نے "ٹوپی والے ساوریا" کی طرز پر ایک گانا بنوایا جسے دادا بھائی نے بے حد پسند کیا اور پستن جی کو لکھا کہ وہ معاملات طے کرکے کریم الدین صاحب کو اپنے ہمراہ لے آئیں۔ چنانچہ تنخواہ وغیرہ کے معاملات طے ہوئے اور وہ مولوی صاحب کو لے کر بمبئ روانہ ہوگئے۔

اس وقت مولوی صاحب کی عمر ۴۱ سال کی تھی۔ بھاری بھر کم جسم، درمیانی قد، گھنی ڈاڑھی، کرتہ پاجامہ چوغا اور پگڑی۔ کبھی کبھی چو گوشیہ ٹوپی بھی پہنتے تھے۔ ان کا پہلا ڈراما ایک سال تک، دوسرا دو سال تک اور تیسرا آٹھ ماہ تک مسلسل چلتا رہا۔ چوتھا ختم کر چکے تھے کہ باہمی خانہ جنگی کے باعث کمپنی ٹوٹ گئی۔

۱۔ گل بکاؤلی ۱۸۸۳ء

۲۔ گلستاں خاندان بامان ۱۸۸۵ء

۳۔ چترا بکاؤلی ۱۸۸۷ء

۴۔ خداداد ۱۸۹۰ء

۱۔ احسن لکھنوی کی ایک تحریر کے حوالے سے یہ کہا گیا ہے کہ جب ۱۸۹۳ء میں احسن بمبئ میں پہنچے تو منشی کریم الدین کا انتقال ہو چکا تھا۔ نامی صاحب کی لکھی ہوئی تاریخ پیدائش کو صحیح مان کر حساب لگایا جائے تو انتقال کے وقت منشی کریم الدین کی عمر اکیاون سال سے کم ہونی چاہیے۔ (۱۸۹۳ء۔ ۱۸۴۲=۵۱)

۲۔ احسن لکھنوی ہی کے حوالے سے منشی کریم الدین کا حلیہ بیان کرتے ہوئے کہا گیا ہے کہ ساٹھ سال کی عمر میں ان کا حلیہ یہ تھا:

"سانولا رنگ، میانہ قد، لاغر اندام، ڈھیلے بر کا پائجامہ، دو دامن گوٹ کا انگرکھا، دلی

کا سادے سے چمڑے کا جوتا، ایک رومال گز بھر لانبا کاندھے پر پڑا رہتا تھا۔ چہرے پر پوری ڈاڑھی تھی اور نہایت زندہ دل، شریف، شوخ مزاج تھے۔"

۳۔ نائب حسین نقوی صاحب نے تاج صاحب مرحوم کی خواہش پر جو حالات لکھ کر بھیجے ان میں، چترابکاؤلی، کے ایک ایڈیشن کا ذکر کیا ہے جو ۱۸۷۲ء میں سکندر آباد میں چھپا۔ اس سے انہوں نے یہ قیاس کیا ہے کہ ۱۸۷۲ء کے لگ بھگ منشی کریم الدین تھیٹر کی دنیا میں داخل ہو چکے تھے۔ اسی شہادت کی بنا پر نتیجہ نکالا گیا ہے کہ منشی صاحب ۱۸۷۲ء میں بمبئی میں موجود تھے اور پستن جی انہیں ۱۸۸۲ء میں نہیں (جیسا کہ نامی صاحب نے کہا ہے) بلکہ ۱۸۷۱ء میں بمبئی لے گئے۔

احسن لکھنوی کے حوالے سے جو دو باتیں کہی گئی ہیں ان میں سے ایک تو یہ ہے کہ مراد کا انتقال ۱۸۹۳ء سے پہلے ہو چکا تھا اور دوسری یہ کہ انتقال سے پہلے ان کی عمر ساٹھ سال سے زیادہ تھی۔ اس حساب سے دیکھا جائے تو نامی صاحب کا بتایا ہوا سنہ ولادت درست نہیں رہتا، اس لئے کہ اس سنہ ولادت کو صحیح تسلیم کر لیا جائے تو وفات کے وقت مراد کی عمر ۵۰ یا ۵۱ سال قرار پاتی ہے۔

نائب حسین نقوی صاحب کے بیان کے مطابق اگر ۱۸۷۲ء میں چھپے ہوئے 'چترا بکاؤلی' کے ایڈیشن کو مراد کی تصنیف سمجھ لیا جائے تو یہ بات ماننی پڑے گی کہ پستن جی ۱۸۷۱ء میں مراد کو بریلی سے بمبئی لے گئے۔

پہلے نقوی صاحب والی بات کو لے کر اس کا تجزیہ کیجئے:

ا۔ نقوی صاحب کے قول کے مطابق مراد کا ڈراما 'چترابکاؤلی' ۱۸۷۲ء میں چھپا۔ نامی صاحب کے بیان کی رو سے اس کا سنہ طباعت و اشاعت ۱۸۸۷ء ہے۔

میرے نزدیک ۱۸۸۷ء صحیح ہے اس لئے کہ اس کے حق میں کئی شہادتیں موجود

ہیں:

(الف) دادا بھائی رتن جی ٹھوٹھی کے متعلق کئی حوالوں سے یہ بات ظاہر ہے کہ وہ وکٹوریا ناٹک منڈلی کے ڈائرکٹر تھے۔(عشرت رحمانی: اردو ڈراما۔ تاریخ و تنقید، صفحہ ۲۰۵۔ اردو تھیٹر، جلد دوم، مختلف صفحات)

(ب) رونق بنارسی کے ڈراموں کی طباعت کا سلسلہ ۱۸۷۹ء سے ۱۸۸۳ء تک جاری رہا۔ رونق، وکٹوریہ ناٹک منڈلی میں ملازم تھے اور کمپنی کے ڈائرکٹر دادا بھائی رتن جی ٹھوٹھی کی ایما پر ڈراموں میں رد و بدل کرتے تھے (اردو تھیٹر، جلد دوم، صفحہ ۸۳) اس کے معنی یہ ہیں کہ کم از کم ۱۸۷۹ء میں (۱۸۷۱ء سے آٹھ سال بعد) وہ وکٹوریہ ناٹک منڈلی سے وابستہ تھے۔

(ج) مراد کے ڈراموں کی جو فہرست مختلف مقامات پر ملتی ہے اس میں ان کے صرف چار ڈراموں کا ذکر آتا ہے۔ ان چاروں میں سے پہلا 'گل بکاؤلی' ہے، جس کا سنہ طباعت ۱۸۸۳ء ہے۔

ان باتوں سے یہ نتیجہ نکلتا ہے کہ مراد کا عہد تصنیف ۱۸۸۳ء میں شروع ہوتا ہے اور وہ ۱۸۷۲ء میں نہیں، بلکہ ۱۸۸۲ء میں بمبئی گئے تھے۔

سال وفات کے متعلق احسن لکھنوی کی بات درست معلوم ہوتی ہے، اس لئے کہ مراد نے اپنا آخری ڈرامہ 'خداداد' ۱۸۹۰ء میں مکمل کیا۔ ان کے جو ڈرامے چھپے ہیں ان سب کی تصنیف کے درمیان کم از کم دو دو سال کا وقفہ ضرور ہے، بلکہ ایک جگہ یہ وقفہ تین سال کا ہے۔ اس سے قیاس کیا جا سکتا ہے کہ مراد کا انتقال ۱۸۹۳ء سے پہلے ہو چکا تھا۔ چونکہ مراد کے لکھے ہوئے ڈرامے اسٹیج پر بہت مقبول ہوئے تھے اس لئے اگر انہوں نے زیادہ عمر پائی ہوتی تو ناممکن ہے کہ وہ کسی نہ کسی تھیٹر کمپنی کے لئے کوئی اور ڈرامانہ لکھتے۔

کریم الدین مراد کی مقبولیت کا اندازہ ایک تو اس بات سے ہوتا ہے کہ ان کا ہر ڈراما خاصی طویل مدت تک مسلسل اسٹیج ہوتا رہتا تھا، دوسرے اس بات سے کہ ان کے معاصر ڈراما نگاروں نے ان کا ذکر بڑے اچھے الفاظ میں کیا ہے اور ان کی ڈراما نگاری کے علاوہ ان کی زبان اور ان کے گانوں کے متعلق تحسین و توصیف کے کلمات استعمال کئے ہیں۔

ا۔ احسن لکھنوی کے ذکر میں ڈاکٹر نامی نے 'چندراولی' کی تصنیف کا حال ان الفاظ میں بیان کیا ہے: "زہر عشق لکھنو میں چل رہا تھا کہ آردیشر دادابھائی ٹھونٹھی کی بمبئی ناٹک منڈلی وارد شہر ہوئی اور احسن لکھنوی کی شہرت سن کر، ان سے چترابکاؤلی (مصنفہ مراد بریلوی) کے طرز پر چنداولی لکھنے کی فرمائش کی۔ احسن نے 'چندراولی' لکھا جو لکھنو میں پہلی بار اسٹیج ہوا اور بہت کامیاب رہا۔ "اردو ڈرامانویسوں میں سوائے عبدالکریم مراد بریلوی کے اور کسی ڈرامانویس کو اس قدر جلد شہرت حاصل نہیں ہوئی۔"

۲۔ مرزا نظیر بیگ نے اپنا ڈرامہ 'چترابکاؤلی' ۱۸۹۴ء میں مرتب کیا۔ اس کے دیباچے میں انہوں نے گانوں کی طرزوں کے سلسلے میں یہ اعتراف کیا ہے کہ "میں نے اس ناٹک میں وہ طرزیں، جو نئی الفریڈ کے ناٹک میں گائی جاتی ہیں، مثلاً ناٹخ الہ دین علی بابا، چترابکاؤلی، آب ابلیس و خاندان ہامان تالیف جناب منشی محمد مراد و سیٹھ دادی کربش جی بمبئی کے ناٹکوں میں جو طرزیں ہیں، ان طرزوں کے وزنوں پر یہ چیزیں بنائی ہیں۔"

اس بیان میں مراد کے دو ڈراموں، 'چترابکاؤلی' اور خاندان ہامان کی طرزوں کی مقبولیت کا واضح اعتراف موجود ہے۔

ڈرامائی دنیا میں "مراد" تخلص کی وجہ سے بعض التباس پیدا ہوئے ہیں۔ جس طرح کریم الدین کا تخلص مراد تھا، اس طرح لکھنو کے رہنے والے ایک معروف ڈرامہ نگار

مراد علی کا تخلص بھی مراد تھا، تخلص کے اس اشتراک نے ایک خرابی تو یہ پیدا کی کہ مراد علی کے لکھے ہوئے بعض ڈراموں کو مراد بریولی کی تصنیف سمجھ لیا گیا اور دوسری خرابی یہ کہ مراد بریلوی کے لکھے ہوئے ڈراموں کو مراد علی مراد سے منسوب کر دیا گیا اور مختلف چھاپہ خانوں نے ایک کا ڈراما دوسرے کے نام سے چھاپ کر خاصا انتشار پیدا کیا۔

اس خلط ملط کی ایک واضح مثال یہ ہے کہ 'چترا بکاؤلی' کا ایک ہی متن (جو اصلیت میں مراد بریلوی کا ہے) دونوں کے نام سے چھپا ہے۔ متن میں سر مو فرق نہیں، لیکن ایک مطبع اسے مراد بریلوی کی تصنیف قرار دیتا ہے اور دوسرا مراد لکھنوی کی۔ ڈاکٹر نامی نے اپنی تحقیق سے ان دونوں ڈراما نگاروں کی تصانیف کی جو فہرست مرتب کی ہے اس کی موجودگی میں کسی الجھن یا غلط فہمی کی گنجائش نہیں رہتی۔

مراد کے جن چار ڈراموں کی نشان دہی نامی صاحب نے کی ہے ان میں سے تین اس مجموعے میں شامل ہیں۔ ان کے فن اور اسلوب کا جائزہ ان تبصروں سے لیا گیا ہے جو ہر ڈرامے سے پہلے شامل اشاعت ہیں۔

ماخوذ از کتاب: کریم الدین مراد کے ڈرامے (اشاعت: جولائی ۱۹۷۲)، مرتبہ: سید امتیاز علی تاج

Kareemuddin Murad, A drama writer of Urdu classics. - Essay: Imtiyaz Ali Taj

* * *

۱۳

مولانا باقر آگاہ ویلوری : اردو ادب کا اولین نقاد

محمد علی اثر

جنوبی ہند سے تعلق رکھنے والے اٹھارہویں صدی کے جید علماء و فضلاء میں حضرت محمد باقر آگاہ قادری شافعی ویلوری کی شخصیت اس لئے منفرد سمجھی جاتی ہے کہ وہ بہ یک وقت نہ صرف عربی، فارسی اور دکنی زبانوں کے قادر الکلام اور صاحب دیوان شاعر تھے، بلکہ ایک مستند محقق و مورخ، صوفی، کامل، معتبر سیرت نگار کے ماہر اسلامیات، مشہور زبان دان، محترم فقیہ، روشن خیال معلم، نامور انشا پرداز، معروف نعت نویس و منقبت نگار، بلند مرتبہ مبلغ قرآن وحدیث اور بے نظیر محرک تعلیم نسواں بھی تھے۔

حضرت آگاہ نے ساری زندگی تصنیف و تالیف کے ذریعہ ملک و ملت کی خدمت کے لئے وقف کردی تھی اور زندگی کے آخری لمحہ تک وہ اس راہ سے سر مو پیچھے نہیں ہٹے۔ چنانچہ اپنی علمی، ادبی اور دینی خدمات کی وجہ سے حجاز و عرب کے علماء و صلحاء اور اہل کمال نے ان کو بڑی قدر کی نگاہوں سے دیکھا۔ یہی وجہ ہے کہ ڈاکٹر زور جیسے ماہر دکنیات بلند پایہ محقق اور ماہر علوم السنہ نے ان کو اپنے وقت کے اردو ادب کے بڑے محسنوں میں شمار کرتے ہوئے لکھا ہے:

"واقعہ یہ ہے کہ دکنی علم و فضل شعر و سخن ان (آگاہ) پر ختم ہو گیا۔ ان کے بعد

جنوبی ہند میں اتنا بڑا ادیب و شاعر پیدا نہیں ہو سکا، وہ میر اور سودا کے ہمعصر تھے، لیکن زبان قدیم استمال کی ہے۔ اس لئے شمالی ہند میں شہرت حاصل نہیں ہوئی۔

(تذکرہ اردو مخطوطات جلد اول ایڈیشن۔ ص ۱۳۴)

نواب صدیق حسن خاں "تذکرہ شمع انجمن" کے مولف نے آگاہ کو ان الفاظ میں خراج عقیدت پیش کیا ہے۔ "کرناٹک میں ان کے ایسا کوئی سر بلند نہ ہوا اور مدراس میں ان کا کوئی عدیل نہیں صاحب۔ تصانیف کثیرہ تھے اور بہت کمالات کے حامل تھے۔

(ص۔ ۱۵)

محمد غوث خاں اعظم نے اپنے تذکرہ "صبح وطن" میں لکھا ہے، تمام فنون میں، عربی فارسی ہندی (اردو) کی پچاس ہزار چھ سو ابیات ان کے کثرت تصانیف کے گواہ ہیں۔ اس علاقہ (مدراس) کے بہت سے لوگ ان کے فیض سے فضل و کمال کو پہنچے۔

(ص۔ ۹)

مولانا مہدی واصف نے "حدیقۃ المرام" میں لکھا ہے: "اللہ نے آپ کو شرح صدر سے مشرف فرمایا اور علوم کے دروازے آپ پر کھول دیئے۔ آپ بڑے ذہین تھے، قاموس آپ کو حفظ تھی۔۔ حقیقت یہ ہے کہ علماء عصر کو آپ پر رشک و حسد ہوتا تھا۔ آپ کی معلومات عربی اور فارسی فرز تحریر، آپ کے کمال پر دال ہیں۔

(ص۔ ۲۶)

تذکرہ نتائج الافکار کے مولف مولوی قدرت اللہ رقم طراز ہیں کہ "گلشن کرناٹک میں ان جیسا سرو پیدا نہیں ہوا اور گلستان مدراس میں ان کے مقابلہ کا رنگ افروز گل نہیں کھلا۔

(ص:۶۳)

مختلف تذکرہ نگاروں کے علاوہ مولانا آگاہ پر داد تحقیق دینے والوں میں سب سے پہلا نام مولوی محمد مرتضیٰ کا ہے۔

جنہوں نے ۱۹۱۰ء میں حیدرآباد کے اخبار صحیفہ میں محمد باقر آگاہ کے عنوان سے ایک مضمون قسط وار شائع کروایا تھا اور پھر بعد کو انہوں نے اپنے موضوع کی اہمیت کو پیش نظر رکھتے ہوئے اس مضمون کو ایک کتابچے کی صورت میں اس نام سے ۱۹۲۱ء میں منظر عام پر لایا۔

اس کے بعد مولوی نصیر الدین ہاشمی نے "دکن میں اردو" (۱۹۲۳ء) میں باقر آگاہ پر مختصراً خامہ فرسائی کی۔ پروفیسر عبدالقادر سروری نے جامعہ عثمانیہ کے مخطوطات کی توضیحی فہرست مرتب کرتے ہوئے دیوان آگاہ کے نسخہ جامعہ عثمانیہ اور ڈاکٹر محمد حمید اللہ کے ایک خاندانی نسخے کے تقابلی مطالعہ کے بعد ایک معرکۃ الآرا مضمون رسالہ اردو بابتہ اپریل ۱۹۲۹ء میں "باقر آگاہ" کے زیر عنوان شائع کیا تھا۔

حالیہ عرصے میں پروفیسر یوسف کوکن (محمد باقر آگاہ ۱۹۵۸ء) ڈاکٹر افضل اقبال (مدراس میں اردو ۱۹۷۷ء) ڈاکٹر جمیل جالبی (تاریخ ادب اردو جلد دوم ۱۹۸۹ء) جناب علیم صبا نویدی (باقر آگاہ کے ادبی نوادر ۱۹۹۴ء) ڈاکٹر محمد علی اثر (نوادرات تحقیق ۱۹۹۴ء) ڈاکٹر ذاکرہ غوث (محمد باقر آگاہ ۱۹۹۵ء) ڈاکٹر راہی فدائی (دارالعلوم لطیفیہ ۱۹۹۷ء) نے آگاہ کی مختلف النوع اور مختلف الابعاد شخصیت پر مذکورہ تصانیف میں مضامین و مقالات لکھے۔

اردو کے پہلے صاحب دیوان شاعر اور گولکنڈہ کے پانچویں فرمان روا سلطان محمد قلی قطب شاہ کے بارے میں اس کے بھتیجے اور داماد بانی مکہ مسجد سلطان محمد قطب شاہ کا بیان ہے کہ اس (محمد قلی) کا دیوان پچاس ہزار اشعار پر محیط تھا۔ جو دستبرد زمانہ کی وجہ سے

مکمل طور پر محفوظ نہیں رہ سکا۔ تاہم تاریخ ادب اردو میں ہنوز ایسے کسی شاعر کا پتہ نہیں چلا۔ جس نے محمد قلی کی طرح پچاس ہزار یا اس کے نصف (پچیس ہزار) اشعار کے برابر بھی کوئی کتاب نظم کی ہو۔ اردو کی سب ضخیم مثنوری خاور نامہ (رستمی بیجا پوری) چوبیس ہزار اشعار پر پھیلی ہوئی ہے۔ لیکن جب ہم تذکرہ صبح وطن کے مولف کے بیان پر غور کرتے ہیں کہ آگاہ نے پچاس ہزار چھ سو اشعار کہے ہیں تو ہمیں حضرت آگاہ کی پر گوئی اور قادر البیانی کا اندازہ ہوتا ہے۔ مولانا کو شاعری کے مختلف اوزان و بحور میں ماہرانہ قدرت حاصل تھی اور جب ہم حضرت آگاہ کے مختلف شعری تصانیف پر تحریر کئے ہوئے نثری دیباچوں پر نظر ڈالتے ہیں تو یہ جان کر حیرت ہوتی ہے کہ وہ جتنے بڑے شاعر تھے اس سے بھی زیادہ اہمیت کے حامل نثر نگار اور نقاد بھی تھے۔

جہاں تک آگاہ سے پہلے اردو میں نثر نگاری کے اولین نمونوں کا تعلق ہے، پیر روشاں بایزید انصاری (م ۹۸۰ھ) کے رسالہ "خیر البیان" اور حضرت برہان الدین جانم کے رسالہ "کلمۃ الحقائق" علی الترتیب قدیم اردو نثر اور دکنی نثر کے ابتدائی نمونے ہیں۔ اس کے بعد ملک الشعراء اسد اللہ وجہی (سب رس اور تاج الحقائق) حضرت امین الدین اعلی (کلمۃ الاسرار) حضرت محمود خوش دہاں (رسالہ خوش دہاں) میراں جی خدانما شرح تمہیدات عین القضات اور رسالہ وجودیہ، میراں یعقوب (شمائل الاتقیاء) عابد شاہ مراۃ السالکین گلزار السالکین) مخدوم شاہ حسینی، تلاوت الوجود، وغیرہ نے قطب شاہی اور عادل شاہی ادوار میں نثر نگاری کی روایت کو پروان چڑھایا تھا۔

دبستان بیجاپور اور گولکنڈہ کی دکنی سلطنتوں کے زوال بعد عبد الولی عزلت نے اپنے دیوان کا دیباچہ اردو نثر میں لکھا۔ یہ دیوان بقول ڈاکٹر جمیل جالبی ۱۱۷۲ھ میں مرتب ہوا۔ محمد تقی انصاف نے اپنا دیباچہ ۱۱۷۵ء میں لھا۔ اسی دوران سودا نے مثنوی "سبیل

ہدایت" کا دیباچہ سپرد قلم کیا تھا اور آگاہ نے اپنے دیوان اور دیگر سات تصانیف کے دیباچے ۱۱۵۸ھ اور ۱۲۱۰ھ کے درمیان لکھے۔

نثر نگاری کے ان قدیم نمونوں میں یہ بات قابل توجہ کہ دبستان دکن میں سادگی، برجستگی، روانی اور بول چال کی زبان کا استعمال نظر آتا ہے اور ساتھ ہی ساتھ دکن کے نثر نگاروں نے مقامی بولیوں کے بھی اثرات قبول کر کے اپنی نثر کو شستہ اور رواں بنایا ہے۔ مزید یہ کہ مقامی تہذیب و تمدن کے گہرے اثرات اور حقیقت پسندی کے عناصر نے اس پر ہندوسانیت کی مہر ثبت کر دی ہے۔

آگاہ نے حضرت جانم، وجہی، محمود خوش دہاں، امین الدین اعلی، خدا نما اور دوسرے دکن کے نثر نگاروں کی پیروی اور تقلید کرتے ہوئے اپنی نثر کو صحت مند ادبی رجحانات سے مالامال کیا۔ اس کے برعکس مذکورہ بالا دیگر نثر نگاروں کے یہاں فارسیت کے اثرات نمایاں ہیں۔ سادگی اور روانی کے بجائے ان کی نثر میں مشکل پسندی اور پرپیچ اسلوب بیان سے اثرپذیری ملتی ہے۔ بقول ڈاکٹر جمیل جالبی:

"آگاہ نے اپنی نثر میں ایک طرف تنقیدی و تخلیقی نقطہ نظر سے اپنے ماخذ پر روشنی ڈالی ہے اور دوسری طرف عام و سادہ نثر میں اپنے نقطہ نظر کی اس طور پر وضاحت کی ہے کہ بات براہ راست پڑھنے والے تک پہنچ جاتی ہے۔ محمد باقر آگاہ کی نثر میں عبارت آرائی کے بجائے عام بات چیت کی سطح پر سلاست بیان قائم رہتی ہے اور محسوس ہوتا ہے کہ نثر کا زور نقطہ نظر کی وضاحت پر ہے۔ اردو میں تنقیدی نثر کی روایت کے یہ والین نمونے ہیں، جن کا رشتہ سرسید احمد خان اور حالی کی نثر سے ہوتا اور ہمارے دور کی نثر سے آملتا ہے۔

(تاریخ ادب اردو جلد ۲، حصہ دوم۔ ص:۱۰۱۱)

یوں تو باقر آگاہ کے سبھی نثری دیباچے اپنی جگہ اہمیت کے حامل ہیں تاہم تحقیقی، تنقیدی، لسانی، اور علمی نقطہ نظر سے "مثنوی گلزار عشق" اور دیوان ہندی (اردو) کے دیباچے غیر معمولی اہمیت کے حامل ہیں۔

مثنوی گلزار عشق کی تاریخ تصنیف ڈاکٹر افضل اقبال، ڈاکٹر جمیل جالبی، علیم صبا نویدی، ڈاکٹر محمد علی اثر نے ۱۲۱۰ھ مطابق ۱۷۹۵ء لکھی ہے لیکن ڈاکٹر راہی فدائی نے اول الذکر محقق کے حوالے سے اسے غلط قرار دیا ہے۔ حالانکہ خود باقر آگاہ نے اس مثنوی کی تاریخ تصنیف درج ذیل شعر کے دوسرے مصرے کے اعداد سے نکالی ہے:

ہوا ہاتف دعانے زمزمہ سنج
گلشن راز حسن و عشق آباد

۱۲۱۰ھ

اور یہ بھی اطلاع دی ہے کہ اس مثنوی کا دیباچہ ۱۲۱۱ھ مطابق ۱۷۹۶ء میں لکھا گیا ہے گلزار عشق کے دیباچے کے مطالعہ سے پتہ چلتا ہے کہ آگاہ کے دور میں دکنی اردو کا ادبی سطح پر چلن ختم ہو گیا تھا اور اس کی جگہ شمالی ہند کی اردو یعنی ریختہ نے لے لی تھی۔ اسی لئے انہوں نے اس کتاب میں دکنی زبان کو چھوڑ کر محاورہ صاف اور شستہ کے قریب روز مرہ اردو اختیار کیا۔

آگاہ نے اپنے طویل نثری دیباچے میں ادبی سطح پر دکنی اردو کی خصوصیات کی وکالت کرتے ہوئے اس کی اہمیت اور افادیت کا ببانگ دہل دعوی کیا ہے کہ شمالی ہند کے اولین شعراء یہاں تک کہ سودا اور میر حسن کا کلام بھی دکنی شعراء کے مرتبے کو نہیں پہنچتا۔

گلزار عشق کے دیباچے میں وہ لکھتے ہیں کہ اکثر جاہلان بے معنی دہر زہ سرایان

لایعنی، زبان دکنی پر اعتراض اور "گلشن عشق" و "علی نامہ" کے پڑھنے سے اعتراض کرتے ہیں۔ اور جہل مرکب سے نہیں جانتے کہ جب تک ریاست سلاطین دکن کی قائم تھی، زبان اون کے درمیان اون کے خوب رائج اور طعن و شماتت سے سالم تھی۔ اکثر شعراء وہاں کے مثل نشاطی، و فراقی و شوقی و خوشنو اور غواصی و ذوقی و ہاشمی و نصرتی و مہتاب و غیر ہم کہ بے حساب ہیں اپنی زبان میں قصائید و غزلیات و مثنویات و مقطعات نظم کئے اور داد سخنوری کا دے۔۔۔

باقر آگاہ دکنی منظومات کو اس لئے بلند پایہ اور ملک الشعر انصرتی کو سب شاعروں کا سرخیل قرار دیتے ہیں اور شمالی ہند کے شاعروں کے بارے میں کہتے ہیں کہ کسی نے معتبر اور مقبول مثنوی نہیں لکھی۔ صرف غزلیں، قصیدے اور قطعات یا مرثیے لکھے ہیں۔ سحر البیان کا تذکرہ کرتے ہوئے کہتے ہیں:

"اس عصر میں حسن دہلوی ایک مثنوی مختصر لکھا۔ بر خلاف شعرائے دکن کے کہ اکثر مثنویات کہی ہیں۔ بالاتفاق غزل بولنا آسان اور مثنوی کا کہنا دشوار و گراں ہے۔"

مثنوی گلزار عشق کے دیباچے سے یہ بات بھی عیاں ہوتی ہے کہ آگاہ کے زمانے میں دکن کے شعراء شمالی ہند کے شاعروں سے اور شمالی ہند کے سخنور دکن کے معاصر شعراء سے بڑی حد تک واقف تھے۔ چنانچہ آگاہ کے اس دیباچے میں اپنے ہم عصر شعراء جیسے، درد، مظہر، فغاں، یقیں، سوز، آبرو، آزردہ، سودا، تاباں، شاہ ندیم اللہ ندیم، شیخ محمود، بحری وغیرہ کا تذکرہ کیا ہے۔ لیکن حیرت انگیز بات یہ ہے کہ ان کے کسی دیباچے میں یا دیوان میں کہیں بھی میر تقی میر کا ذکر نہیں ملتا۔

آگاہ کے اردو دیوان کا تعارف سب سے پہلے پروفیسر عبد القادر سروری نے اپنے تحقیقی مضمون "محمد باقر آگاہ" مطبوعہ رسالہ اردو اپریل ۱۹۲۹ء میں کروایا تھا۔ جس کا نسخہ

انہوں نے ڈاکٹر محمد حمید اللہ صاحب سے مستعار لیا تھا۔ اس دیوان کی توضیح کرتے ہوئے وہ لکھتے ہیں:

" یہ دیوان ۱۷۹ اوراق پر ختم ہوتا ہے اور ہر صفحہ میں ۱۴ / سطور ہیں۔ خط نستعلیق شکستہ ہے عنوانات مقطع میں تخلص اور کہیں کہیں کچھ شعر سرخی سے لکھے ہوئے ہیں۔ کاتب کا نام اور سنہ کتاب کہیں درج نہیں۔"

(ص۔۲۹۵)

پروفیسر سروری نے نسخہ کی اندرونی اور بیرونی شہادتوں سے ثابت کی اہے کہ اس دیوان کی کتابت ۱۲۴۰ھ سے پہلے ہو چکی تھی۔

اس کے بعد پھر جب انہوں نے جامعہ عثمانیہ کے اردو مخطوطات کی توضیحی فہرست مرتب کی تو وہاں بھی سرسری طور پر دیوان آگاہ کی توضیح کی کرتے ہوئے لکھا ہے:

"یہ محمد باقر آگاہ شافعی قادری ویلوری کا ہندی (اردو) دیوان ہے تمام اصناف سخن پر مشتمل ہے۔ قصاید سے اس کا آغاز ہوتا ہے، جن کی تعداد دس ہے ان کے بعد غزلیں اور غزلوں کے بعد قطعات ورباعیات مستزاد، قطعات افراد کبت، دہرے اسی ترتیب سے درج ہیں ایک رباعی تلنگی زبان کی ایک فرد اردوی (تمل) زبان میں بھی موجود ہے۔"

(ص۲۷)

راقم الحروف کا ایک مضمون "باقر آگاہ جدید تحقیق کی روشنی میں" مشمولہ "سب رس" حیدرآباد بابتہ اگست ۱۹۹۴ء میں شائع ہوا تھا۔ جس میں آگاہ کے اردو دیوان کے چار نسخوں کی نشاندہی کی گئی ہے۔ (دیوان آگاہ کے ان قلمی نسخوں کا عکس راقم کو جناب علیم صبانویدی نے فراہم کیا تھا۔)

ڈاکٹر ذاکرہ غوث مرحومہ نے اپنا ایم۔ لٹ کا مقالہ ۱۹۹۵ء میں شائع کیا جس میں

دیوان آگاہ کے قلمی نسخوں کا قدرے تفصیل سے تعارف کروایا گیا ہے۔ اپنی کتاب میں انھوں نے لکھا ہے کہ:

"جہاں تک مجھے علم ہے کہ دیوان یا اس کا کوئی بھی حصہ اب تک طبع نہیں ہوا۔"

(ص ۴۱۵)

حالانکہ ڈاکٹر جمیل جالبی نے مثنوی گلزار عشق کا دیباچہ صحیفہ لاہور میں اور پروفیسر سروری نے "دیوان آگاہ" کا نثری دیباچہ تمام و کمال "رسالہ اردو" میں شائع کر دیا ہے اور ڈاکٹر ذاکرہ غوث کی کتاب کی اشاعت (۱۹۹۵ء) سے ایک سال قبل ۱۹۹۴ء میں علیم صبا نویدی نے آگاہ کی غزلوں اور رباعیوں کا ایک بسیط انتخاب باقر آگاہ کی کتابوں کے تنقیدی دیباچوں کے ساتھ اپنی کتاب "باقر آگاہ کے ادبی نوادر" میں شائع کر دیا ہے۔ دلچسپ بات یہ ہے کہ اس کتاب کی اشاعت کا تذکرہ خود ڈاکٹر صاحبہ کی کتاب (ص ۱۰) میں موجود ہے۔

ڈاکٹر راہی فدائی نے اپنی کتاب "دار العلوم لطیفیہ کا ادبی منظر نامہ" میں دیوان آگاہ کی تنقیدی اہمیت کا خصوصی طور پر تذکرہ کیا ہے۔ تاہم موصوف کے پیش نظر "دیوان آگاہ" کا کون سا یا کتنے نسخے رہے اس کا کوئی حوالہ نہیں دیا۔

(ص ۱۴۸)

دیوان آگاہ دو حصوں میں منقسم ہے۔

حصہ اول میں ابتداً ایک طویل اور معرکۃ الآراء نثری مقدمہ ہے جو تقریباً بیس صفحات پر پھیلا ہوا ہے۔ اس میں شعر و سخن اور شاعری کے مختلف اصناف کے بارے میں سیر حاصل بحث کی گئی ہے۔ آگاہ کا یہ مقدمہ بالکل اسی اہمیت کا حامل ہے جیسا کہ مولانا الطاف حسین حالی کا "مقدمہ شعر و شاعری" جسے انھوں نے اپنے دیوان کے مقدمے

کے طور پر ۱۳۰۲ھ۔ ۱۸۹۴ء میں قلم بند کیا تھا۔ جو بعد کو مقدمہ شعر و شاعری کے عنوان دیوان حالی سے علاحدہ کر کے کتابی صورت میں شائع کیا گیا ہے۔ یہ کتاب عہد حالی سے حالیہ عرصہ تک اردو تنقید کا نقش اول سمجھی جاتی رہی۔

آگاہ کے دیوان کی داخلی شہادتوں سے پتہ چلتا ہے کہ اس کی ترتیب و تدوین ۱۲۱۰ھ سے ۱۲۱۲ھ کے درمیان عمل میں آئی۔ پروفیسر سید جعفر نے دیوان آگاہ کے زمانہ ترتیب کے بارے میں قیاس آرائی کرتے ہوئے لکھا ہے کہ آگاہ نے ۳۵ سال کی عمر میں اپنا دیوان مرتب کر لیا ہوگا کیونکہ شاعری خصوصاً غزل عہد شباب کی پیداوار ہوتی ہے(دکنی رباعیاں ص ۲۱۰) ڈاکٹر صاحبہ کا یہ بیان اس لئے محل نظر ہے کہ دیوان کے مقدمے میں آگاہ کی تمام اردو تصانیف کا تذکرہ موجود ہے جو اس سے قبل منظر عام پر آچکی تھیں اور خود مصنف نے اس بات کی اطلاع دی ہے کہ:

" یہ حقیر نارس آگے تیس بتیس برس کے کیا فارسی اور کیا ہندی (اردو) سب اقسام میں نظم کیا تھا اور ان سب کو بعد انتقال مرشد قدس سرہ دھو ڈالا۔"

(دیوان آگاہ قلمی)

دیوان آگاہ کے نثری دیباچے میں شعر و شاعری سے بحث کرتے ہوئے مصنف نے اپنی مثنوی گلزار عشق کے نثری دیباچے کا حوالہ بھی دیا ہے۔ آگاہ نے صرف اس دیوان اور مثنوی گلزار عشق پر ہی دیباچے نہیں لکھے۔ بلکہ ان کی درج ذیل دیگر منظوم کتابوں میں بھی نثری دیباچے موجود ہیں۔

۱۔ ہشت بہشت ۲۔ ریاض الجنان ۳۔ فرائد در فوائد ۴۔ محبوب القلوب ۵۔ تحفۃ الاحباب ۶۔ خمسہ متحیرہ اوج آگاہی

باقر آگاہ نے جس طرح اپنی سات مثنویوں اور اردو دیوان کے نثری دیباچے لکھے

ہیں اس کے مقابلے میں شاعری کے میدان میں ان کا قلم اور زیادہ رواں دواں معلوم ہوتا ہے۔ محمد یوسف کوکن باقر آگاہ کے عربی، فارسی اور اردو تصانیف کی تعداد ۳۰۳ اور ایک جگہ ۵۵۵ بتاتے ہوئے اطلاع دیتے ہیں کہ:

"آگاہ نے عربی فارسی اور دکنی میں بے شمار کتابیں لکھی ہیں۔ ان کی کل تعداد ۳۰۳ ہے اور محبوب القلوب کے پہلے صفحے پر ۵۵۵ بتائی گئی ہے۔"

(باقر آگاہ ص ۵۹۔۶۰)

اسی طرح تذکرہ گلزار اعظم کے مولف کا بیان ہے کہ:

"اوقات عزیزہ خرر ابتالیف و تصنیف کتب فنون جداگانہ نظما و نثرا ور زبان عربی و فارسی و ہندی معروف گرد ر ئندہ جملہ تصانیف اودرالسنہ ثلاثہ از روئے حساب ابیات زیادہ از پنجاہ ہزار است ہر یکے از انہا مشتہر و برگزیدۂ روزگار"

(باقر آگاہ از یوسف کوکن ص ۶۰)

یوسف کوکن اور ڈاکٹر ذاکرہ غوث نے آگاہ کی آٹھ عربی ۳۰ فارسی اور ۱۲ ہندی (اردو) کتابوں کا تذکرہ کیا ہے۔

(مولانا باقر آگاہ ویلوری، ذاکرہ غوث ص ۲۰۶)

ڈاکٹر ذاکرہ غوث نے ڈاکٹر زور، افسر صدیقی، نصیر الدین ہاشمی اور ڈاکٹر محمد غوث کی تقلید میں آگاہ کی پہلی دکنی تصنیف کا نام "عقائد آگاہ" ہی لکھا ہے جب کہ خود آگاہ نے مثنوی ہشت بہشت کے دیباچے میں اس کا نام رسالہ عقائد بتایا ہے۔

(تذکرہ اردو مخطوطات جلد اول ترمیم و اضافہ محمد علی اثر، ص ۷۸)

آگاہ نے اپنے دیوان کے مقدمے کی ابتدا میں شاعری کے بارے میں اظہار خیال کیا ہے۔ اس کے بعد انہوں نے فائدہ کے عنوان سے ۶ فائدے لکھے ہیں اور ان فائدوں

کے تحت الگ الگ موضوعات جیسے ریختہ کسے کہتے ہیں، قوانین عروض و قوافی ، صنائع بدائع ، فارسی اصناف سخن، قصیدہ ت، تشبیب ، مسمط ترجیع یا ترکیب بند۔ مثنوی، غزل اور قصیدے کا فرق اور مختلف اصطلاحات سخن کو موضوع بحث بنایا ہے۔ ڈاکٹر ذاکرہ غوث لکھتی ہیں:

" آگاہ کے دیوان کا دیباچہ ۲۰ صفحات پر مشتمل ہے اور یہ اردو ادب میں ایک اہم اقدام کہا جاسکتا ہے۔ اس کو آگاہ کے اولیات میں شامل کیا جاسکتا ہے۔، یہ اردو ادب کی تاریخ و تنقید کا اولین قدم ہے"۔

نثری دیباچے کے بعد دیوان کے پہلے حصے کا آغاز ہوتا ہے جس میں ابتداً دس قصیدے ہیں، ان میں سے دو قصیدے آگاہ کی ایک اور مثنوی محبوب القلوب سے لئے گئے ہیں۔ قصاید آگاہ کی ایک خاص بات یہ ہے کہ انہوں نے سلاطین، امرا یا رؤسا کو خوش کرنے کے لئے کوئی قصیدہ نہیں لکھا۔ ان کے تمام قصائد حمد یہ، نعتیہ اور منقبتی ہیں۔ یہاں تک کہ باوجود نواب محمد علی والا جاہ کی عنایتوں کے ان کی مدح میں آگاہ نے ایک بھی قصیدہ نہیں لکھا پہلا قصیدہ " طلم گنج توحید" دو مطلوں اور ۱۲۵ / اشعار پر مشتمل ہے۔ آگاہ نے اس کی تعریف کرتے ہوئے لکھا ہے کہ "عربی فارسی اور ہندی میں ایسا قصیدہ نظر نہیں آیا۔"

دوسرے قصیدے کا عنوان " قصیدہ صبح بہار در بیان گلجوشی معجزات ولادت سید الابرار" ہے۔ جو ۵۵ / ابیات پر محیط ہے۔ تیسرا قصیدہ ۲۲ / اشعار کا احاطہ کرتا ہے جس کا نام قصیدہ مثبب ہے بوریہ در سفت حضرت سید الوریٰ ہے۔ چوتھا قصیدہ ۱۰۵ / ابیات پر پھیلا ہوا ہے جس کا عنوان "مرات تجلی احدی در بیان شمائل حسن مطلق حبیب محمدی ہے۔" پانچواں قصیدہ ۳ مطالع اور ۰ اشعار کا احاطہ کرتا ہے۔ اس کا عنوان ہے "گل سر

سید بات سید ازل و ادب"، چھٹے قصیدہ کا عنوان فتح بین در نعت حضرت رحمت اللعالمین جو تین مطلعوں اور ۲۵ / اشعار پر مشتمل ہے۔ ساتواں قصیدہ ۱۳۵ / اشعار اور دو مطلعوں پر مشتمل ہے، جس کا نام آگاہ نے اشغاثہ فرین بہ جناب سید الشافعین" ہے۔ آٹھواں قصیدہ حضرت بی بی فاطمہ کی مدح میں کہا گیا ہے ،۔۱۲۱ اشعار پر مشتمل اس قصیدے کو" جلاء الروح در حقیقت سیدہ اہل فتوح" ہے۔

دیوان آگاہ کے آخری دو قصیدے حضرت محبوب سبحانی کی منقبت میں ہیں اور یہ وہی ہیں جو آگاہ نے محبوب القلوب کے آخر میں شامل کئے تھے۔ نواں قصیدہ ۵۵ شعر پر مشتمل ہے جس کا نام انہوں نے نیر اعظم رکھا ہے، دسویں اور آخری قصیدہ کا نام "مفرح القلوب و مفرج الکروب بہ قول پروفیسر سروری قصاید آگاہ فارسی کے متبع ہیں اور اس خصوص میں سودا کا رنگ کچھ ان سے زیادہ جدا نہیں۔

قصاید کے بعد دیوان کے پہلے حصے سے آگاہ نے ایک مثنوی شامل کی ہے جس کا عنوان ترجمہ ابیات ستہ جناب مرتضوی حضرت بھی مرتضیٰ رضی اللہ تعالی عنہ "یہ مثنوی ۱۰۹ / اشعار پر مشتمل ہے۔ اس کے بعد دو سلام اور سات مرثیے ہیں۔ پانچ مرثیے مسبط مربع ہیں ایک مسمط مسدس اور ایک مسدس مثمن ہے۔ سلام اور مرثیہ کے اشعار کی تعداد درج ذیل ہیں:

سلام نمبر-۱ (۱۴ شعر) سلام نمبر-۲ (۱۴ شعر) مرثیہ نمبر ایک (۴ شعر) مرثیہ نمبر-۲ (۲۰ شعر) مرثیہ نمبر-۳ (۲۸ شعر) مرثیہ نمبر-۴ (۱۲ شعر)، مرثیہ نمبر-۵ (۱۰ شعر) مرثیہ نمبر-٦ (۱۵ شعر) مرثیہ نمبر-۷ (۲۸ شعر)

مرثیوں کے اختتام پر دیوان کا پہلا حصہ مکمل ہوتا ہے۔ دیوان کا دوسرا حصہ ۳۸۳ غزلوں ۱۸۰ / رباعیوں، آٹھ قطعات ٦۷ متفرق اشعار پر مشتمل ہے۔ اس کے علاوہ آخر

میں تلگو زبان میں ایک رباعی، اروی (ٹمل) زبان میں ایک فرد اور چند کبت اور دوہرے بھی مرقوم ہیں۔

دیوان آگاہ کے نثری دیباچے کے بارے میں ڈاکٹر جمیل جالبی نے بڑی نپی تلی رائے کا اظہار کرتے ہوئے لکھا ہے۔

"اردو کے کسی شاعر نے اپنے اردو دیوان پر اب تک اس قسم کا مقدمہ اردو زبان میں نہیں لکھا تھا جس سے اس کے تنقیدی شعور، اصول فن اور نقطہ نظر کی وضاحت ہوتی ہو۔ باقر آگاہ کے سارے دیباچے جدید اردو تنقید کی روایت کے اولین نقوش ہیں۔، جس میں تحقیق اور تنقید کے ساتھ نثر کا تنقیدی اسلوب بھی موجود ہے۔ گلزار عشق، ریاض الجنان وغیرہ کے دیباچوں کے مقابلے میں دیوان اردو کے دیباچے میں فارسیت زیادہ ہے لیکن نثر کا اردو پن اس میں بھی اسی طرح موجود ہے۔ صرف فنی مباحث اور موضوع کی مناسبت سے طرز ادا میں تبدیلی آئی ہے۔ باقر آگاہ نثر اس طرح لکھتے ہیں جیسے ایک اچھا استاد اپنے طالب علموں کو سمجھانے کے لئے طرح طرح کے جتن کرتا ہے۔ باقر آگاہ کی نثر کو اس دور کی نثر میں رکھ کر دیکھیے تو اس کی سادگی و سلاست اور قوت اظہار اسے اس دور میں منفرد بنادیتی ہے۔"

(ڈاکٹر جمیل جالبی تاریخ ادب اردو جلد دوم، حصہ دوم، ص ۱۰۱۹)

اس دیوان کے متعلق ڈاکٹر مسیح الزماں نے اظہار خیال کرتے ہوئے لکھا ہے:

"یہ دیباچہ اس وقت کی تمام نثری تحریروں میں ایک خاص امتیاز رکھتا ہے۔ جس اختصار و جامعیت کے ساتھ اصناف نظم پر اس میں بحث کی گئی ہے اس کی مثال اس وقت کی دکنی تحریروں میں نہیں ملتی۔

(اردو تنقید کی تاریخ ص ۷۳)

مولانا باقر آگاہ دارالعلوم لطیفیہ ویلور کے فارغ التحصیل تھے۔ ڈاکٹر راہی فدائی نے ویلورے کے مدارس کی علمی و ادبی خدمات کے موضوع پر تحقیقی کے مقالہ سپرد قلم کر کے پی ایچ ڈی کی ڈگری حاصل کی۔ اس مقالے کو انہوں نے دو حصوں میں مدرسہ باقیات الصالحات کے علمی اور ادبی کارنامے اور دارالعلوم لطیفیہ ویلورہ کا ادبی منظر نامہ کے عنوان سے شائع کیا ہے۔ آخر الذکر کتاب میں موصوف نے مولانا آگاہ کی علمی و ادبی اور تحقیقی و تنقیدی خدمات کا سیر حاصل جائزہ لیا ہے۔ آگاہ کے اردو دیوان کے نثری مقدمے کا تذکرہ کرتے ہوئے انہوں نے لکھا ہے:

"حضرت آگاہ نے اردو دیوان کے دیباچے میں مختلف علمی و تنقیدی بحثیں کی ہیں۔ اس طرح کے مباحث ان سے پہلے کسی شاعر نے نثر اردو میں نہیں کئے۔"

وہ آگے چل کر لکھتے ہین:

"آپ نے اشعار میں جدید خیالات پیش کرنے پر زور دیا اور خلاف شرع مضامین نہ باندھنے کی تلقین بھی کی۔ معائب سخن، عیوب قافیہ مثلاً ایطا، جلی اور قافیہ شایگاں وغیرہ کی بھی وضاحت کی۔ اہل زبان پر گرفت کرتے ہوئے الفاظ کے صحیح تلفظ کی تاکید فرمائی اور بعض شعری اصطلاحات مثلاً مصرح حروف ردی اور اریب وغیرہ الفاظ کی عمدہ تعریف کی۔ آپ نے شعراء کے لئے فنی طور پر ایک ضابطہ عمل مقرر کیا۔

(دارالعلوم لطیفیہ ویلور کا ادبی مناظر نامہ ص ۱۵۲)

جہاں تک کلام آگاہ کا تعلق ہے آگاہ نے اپنے دیوان میں تجرباتی طور پر دکنی زبان سے انحراف کرتے ہوئے اردو کے بھاکے میں صاف و شستہ انداز میں شعر کہنے کی کوشش کی ہے۔ اس لئے ان کی زبان و بیان میں وہ رنگینی، دلکشی اور کشش نظر نہیں آتی جو ان کی ابتدائی شاعری کی امتیازی خصوصیت ہے۔

دیوان آگاہ کا آغاز حمدیہ غزل سے ہوتا ہے۔ اس کے بعد فخر موجودات سرور کائنات ﷺ کی نعت مبارک ہے۔ حمد و نعت کے چند منتخب اشعار ملاحظہ ہوں۔:

اے حسن و عشق کو ترے جلوے سیں ابتداء
ہر عین کو ہے تیری تجلی سے ابتداء
آگاہ کیا سب انفس و آفاق دم بدم
کرتے ہیں حمد تیرا ابھی کچھ نہیں ادا
اس چہرۂ پر نور کے جلوے کا اجالا
اک پل میں اندھیرے کو عدم کے سب اجالا
ہمارا مقصد کونین آگاہ
محمد ہے محمد ہے محمد

آگاہ کے ایک شعر کا مفہوم میر تقی میر کے مضمون سے لڑ گیا ہے، میر کا مشہور شعر ہے:

سب پہ جس بار نے گرانی کی
اس کو یہ ناتواں اٹھا لیا

آگاہ کہتے ہیں:

سر پر اٹھالیا ہوں بس اپنے وہ بار کو
عالم تمام جس کو اٹھانے سے ہٹ گیا

ممکن ہے کہ میر اور آگاہ دونوں نے فارسی کے اس مشہور شعر سے استفادہ کیا ہو:

آسمان بار امانت نتوانست
قرعۂ فال بنام من دیوانہ روند

دکنی اردو اور بول چال کے انداز میں کہے گئے آگاہ کے کلام میں بعض اشعار سادگی اور برجستگی و اثر انگیزی کے حسن سے مالامال نظر آتے ہیں۔ چند شعر دیکھئے:

لیا بولوں ترے کاکل کبری کے پیچ و تاب
ہے ہر شکن سے جس کے مری جان و تن میں دھوم

ایک پرتو تجلی خسار سے ترے
ہر ذرہ آفتاب ہوا کیا مزہ ہوا

اماں چھتا ہے گرد ان فتن سے
شتابی سوں نکل چینا پٹن سے

زخم اس سوکے کی کاری ہے خدا خیر کرے
لوہو سیلاب سا جاری ہے خدا خیر کرے

کسو سے آشنا خدا نہ کرے
گر کرے کوئی دم جدا نہ کرے

گیا اس دل کے لٹکے پر لٹک دل
پڑا کس دام آفت میں اٹک دل

نظر بند اس کے تیئں کرتا میں آگاہ
سمجھتا یوں گر کہ جاتا یوں سنگ دل

دنیا سے حیا والوں کا دل کیوں لگے آگاہ
ہر لحظہ یہ قحبہ کو ہے اک نیا دھگڑا

اس مضمون کو ختم کرنے سے پہلے میں اردو دنیا کو مولانا باقر آگاہ ویلوری کے مکمل دیباچوں سے متعارف کروانے والے اور مولانا آگاہ کی شاعری اور نثر نگاری کی

خصوصیت کا بھرپور جائزہ لینے والے بین الاقوامی شہرت یافتہ محقق حضرت علیم صبا نویدی کی خدمت میں دلی مبارک باد پیش کرتا ہوں کہ انہوں نے نہ صرف محنت و لگن اور مسلسل انہماک سے مولانا باقر آگاہ ویلوری کے روشن علمی و ادبی جزیرے کو دریافت کیا ہے بلکہ ماہرین تاریخ اردو ادب کی جھولی میں ایک اور نایاب خزانے کا اضافہ کیا ہے۔

ماخوذ از کتاب: اردو ادب کا اولین نقاد مولانا باقر آگاہ ویلوری، مصنف: علیم صبا نویدی (سن اشاعت:۲۰۰۹)

Moulana Baqar Agaah Vellori, the first critic of Urdu Literature.

***

ادب و ثقافت پر منتخب مضامین کا ایک اور مجموعہ

اردو ادب و ثقافت : نئے رنگ

(حصہ : ۲)

مرتبہ : مکرم نیاز

بین الاقوامی ایڈیشن جلد منظر عام پر آ رہا ہے

www.ingramcontent.com/pod-product-compliance
Lightning Source LLC
LaVergne TN
LVHW010810051026
849532LV00007B/2499
* 9 7 8 9 3 6 9 0 8 9 5 2 9 *